1000 citations littéraires indispensables

Claude Alban

Agrégé de Lettres modernes

ellipses

ISBN 2-7298-0356-4

www.editions-ellipses.com

Avant-propos

Pourquoi proposer *1000 citations* sur la littérature ? Que peuvent apporter ces pensées empruntées aux œuvres des auteurs les plus illustres ? En quoi la littérature permet-elle de nourrir notre réflexion sur le monde et d'enrichir notre expérience dans un domaine qui nous est essentiel : notre propre existence ?

La meilleure réponse serait peut-être fournie, précisément, par un extrait du *Temps retrouvé* dans *À la recherche du temps perdu* :

1• *La vraie vie, la vie enfin découverte et éclaircie, la seule vie par conséquent réellement vécue, c'est la littérature.*

Marcel Proust

Ce que l'on appelle *littérature* — quelles que soient les acceptions, parfois même négatives, que l'on ait pu donner à ce mot — est avant tout le produit d'un homme ou d'un groupe qui s'est efforcé de transmettre sa pensée à travers un processus artistique. La médiation de l'art suppose une technique, une aptitude à la symbolisation, une visée universelle. Technique : le travail rhétorique à partir de la langue commune, l'exploitation des ressources stylistiques, la poétique du discours. Symbolique : l'élaboration d'un système énonciatif susceptible de représenter de façon mémorable des sentiments ou des idées. Universalité : le pouvoir de généraliser à partir d'une expérience individuelle, d'abstraire de l'anecdotique ce qui présente un intérêt pour toute l'humanité, à travers les époques et au-delà des confinements locaux.

Citer une *œuvre* c'est, simultanément, citer un *auteur* pris dans un contexte culturel spécifique. C'est se référer à une philosophie, à une tradition, à une pratique intellectuelle qui accordent à la parole, écrite ou orale, un pouvoir pragmatique particulier. C'est reconnaître que l'homme s'inscrit dans une civilisation et qu'il développe ses idées les plus originales ou les plus intimes au contact de la pensée d'autrui.

Lorsque nous étayons nos propos, au cours d'une dissertation ou simplement d'une conversation, au moyen d'une citation, à quel type de démarche recourons-nous, quel objectif visons-nous ? Il ne s'agit pas de s'abriter derrière un argument d'autorité à l'instar des médecins de Molière qui travestissaient leur ignorance à l'aide de pseudo-citations savantes. Tout au contraire, nous convoquons à titre d'exemple ou d'illustration un savoir déjà éprouvé, critiqué, reconnu pour sa validité. Comme la science, la littérature peut cumuler les connaissances, l'art s'inspirer des modèles, la réflexion profiter des acquis antérieurs. L'attitude de Montaigne est particulièrement éclairante : sa pensée se fonde sur un ensemble de sentences exprimées dès la plus haute antiquité. La sagesse qu'elles véhiculent servent de tremplin à la méditation personnelle de l'auteur des *Essais* : elles permettent à son esprit critique de se déployer avec hardiesse et subtilité. Aujourd'hui, nos philosophes et nos journalistes les plus brillants procèdent-ils différemment ?

Toutefois, citer est un art, une citation ne s'improvise pas. Pour reprendre l'exemple de Molière, on rappellera que ce n'est pas parce qu'Hippocrate ou Galien l'on dit que le diagnostic posé sera vrai : nous ne saurions nous laisser enfariner par du grec ou du latin de cuisine ! Bien choisie (pertinente) la citation doit encore venir à bon escient (topique) : on trouverait toujours chez tel pédagogue japonais ou tel sage chinois un aphorisme sibyllin apte à obscurcir plus qu'il ne l'éclairerait n'importe quelle assertion. On veillera en outre, lorsqu'il s'agit d'un extrait, à ce que l'échantillon retenu soit représentatif de l'œuvre globale et le plus fidèle possible à la totalité de la pensée de l'auteur.

L'aspect stylistique de la citation a lui aussi toute son importance. Un long morceau narratif desservirait au lieu de convaincre. En revanche, une formule lapidaire offre le double avantage d'être facile à mémoriser et de résumer en quelques mots une patiente démonstration. Dans le passage retenu, il est préférable que les marques de l'*énonciation* (subjectivité de l'émetteur, opinion personnelle et particulière) s'estompent au profit d'un *énoncé* objectif, « gnomique », débarrassé des contingences individuelles.

Ainsi que le remarque Pascal, grâce à son langage naturel, simple et universel, Montaigne fait partie de ceux auxquels on se référera toujours et, il le pressent aussi, lui-même ne déparera pas dans ce lot de philosophes maîtres en l'art du bien-dire.

2• *La manière d'écrire d'Épictète, de Montaigne et de Salomon de Tultie [= Pascal], est la plus d'usage, qui s'insinue le mieux, qui demeure plus dans la mémoire, et qui se fait le plus citer, parce qu'elle est toute composée de pensées nées sur les entretiens ordinaires de la vie.*

Blaise Pascal

La qualité essentielle d'une citation réside dans sa relative indépendance grammaticale et son autonomie sémantique par rapport au contexte qu'il ne saurait être question de tronquer : il s'agira le plus souvent d'une phrase comportant un sens complet. C'est pourquoi les formes brèves (pensées, dictons, maximes, adages, devises, alexandrins...) constituent un inépuisable réservoir : les dictionnaires, trésors, compilations y puisent à loisir ; la sagesse des nations s'y abreuve complaisamment.

Sans nier l'intérêt de cette pensée souvent anonyme ou de cet imaginaire collectif qui forme le terreau de nos croyances, plutôt que de nos préjugés espérons-le, force est de reconnaître que les *écrivains* (ceux du moins que l'usage a consacrés comme classiques) ouvrent eux aussi à la réflexion un espace particulièrement fécond. Emprunter des passages à leur œuvre relève cependant d'un exercice périlleux dont il convient d'évoquer les difficultés.

Il faut tout d'abord se garder de déformer les propos. Or, toute citation fragmente le texte dont elle risque d'altérer l'esprit. D'autre part chacun sait que, détachée de son contexte, il n'y a pas de phrase qui ne puisse prendre le sens qu'on veut bien lui attribuer, servir à peu près n'importe quelle cause ou justifier tout type de propagande. Ajoutons qu'il convient de distinguer soigneusement la pensée de l'auteur (qui peut d'ailleurs correspondre à une antiphrase ironique) et celle de ses personnages — qui peuvent être employés dans des rôles de composition !

Voilà pourquoi la plus grande vigilance s'impose. Les expressions les plus concises et les plus rythmées, comme les locutions proverbiales, sont sans doute les meilleures : le « jingle » est un procédé mnémotechnique irremplaçable. Sa structure tient lieu d'argumentation logique. Les conseils de sagesse pratique — et la publicité — en usent et en abusent. Mais de leur contenu minimaliste peut se dégager une légitime impression de frustration. Dans le cas de citations plus longues, diverses précautions doivent être prises : les phrases à valeur générale, aisément détachables, sont les plus efficaces sur le plan de la persuasion et les moins attaquables au niveau moral.

L'inventaire que nous présentons ici ne livre pas une succession de pensées isolées, simplement regroupées au hasard de l'alphabet. Il obéit à un ordre logique qui s'efforce de combiner chronologie et thématique et de rassembler ainsi les idées par affinité de sens ou au contraire par opposition. Les index permettent de se reporter à telle parole célèbre ou à tel penseur vénérable. Mais une lecture continue est elle aussi favorisée. La première partie interroge entre autres les différents arts poétiques ; dans la deuxième se répondent diverses prises de position personnelles ou collectives à l'égard du fait littéraire et de ses enjeux ; les visions de l'homme qu'exprime la création littéraire sont abordées dans la troisième partie. En annexe, précédant une batterie de tests, sont proposées les principales sentences qui ont servi de support à la pensée de Montaigne. Cet exemple montre dans quelle mesure l'usage des citations peut concourir à la création littéraire.

Au fil de ces *1000 citations* se constitue toute une intertextualité, ou une transdiscursivité culturelle, qui permet d'apprécier le rôle des emprunts, des sources, des influences ou des contre-influences. La littérature est une entreprise toujours vivante, perpétuellement renouvelée par les apports de chaque génération, de chaque lecteur, de chaque auteur…

À vous de jouer !

PREMIÈRE PARTIE

Qu'est-ce que la littérature ?

I• Définitions

3• *La littérature, c'est ce qui s'enseigne.*

Roland Barthes

4• *Je date l'invention de la littérature de la première lettre fictive — adressée à personne d'exactement réel. Ce n'est ni tout à fait une pierre, ni un papyrus, ni une écorce d'arbre, ni une peau, ni un os : c'est une motte d'argile.*

Pascal Quignard

5• *Chaque littérature s'empreint plus ou moins profondément du ciel, des mœurs et de l'histoire du peuple, dont elle est l'expression ; il y a donc autant de littératures diverses qu'il y a de sociétés différentes. David, Homère, Virgile, le Tasse, Milton et Corneille, ces hommes dont chacun représente une poésie et une nation, n'ont de commun entre eux que le génie.*

Victor Hugo

6• *La littérature est l'expression de la société, comme la parole est l'expression de l'homme.*

Louis de Bonald

7• *L'objet de la littérature est indéterminé comme l'est celui de la vie.*

Paul Valéry

8• *La vie est composée des choses les plus différentes, les plus imprévues, les plus contraires, les plus disparates ; elle est brutale, sans suite, sans chaîne, pleine de catastrophes inexplicables, illogiques et* *contradictoires qui doivent être classées au chapitre des faits divers. [...] Faire vrai consiste donc à donner l'illusion complète du vrai, suivant la logique ordinaire des faits, et non à les transcrire servilement dans le pêle-mêle de leur succession.*

Guy de Maupassant

9• *Quand on vit, il n'arrive rien. Les décors changent, les gens entrent et sortent, voilà tout. Il n'y a jamais de commencements. [...] Ça c'est vivre. Mais quand on raconte la vie, tout change ; seulement c'est un changement que personne ne remarque : la preuve c'est qu'on parle d'histoires vraies. Comme s'il pouvait y avoir des histoires vraies ; les événements se produisent dans un sens et nous les racontons en sens inverse.*

Jean-Paul Sartre

10• *L'art est vie. Rien n'y est jamais gagné de façon définitive. Il ne peut exister sans cette remise en question permanente. Mais le mouvement de ces évolutions et révolutions fait sa perpétuelle renaissance.*

Alain Robbe-Grillet

11• *L'idée qui se propage se détache essentiellement de son point de départ. Elle devient, malgré l'accent unique que lui communique son créateur, du patrimoine commun. Elle est foncièrement anonyme.*

Emmanuel Levinas

12• *La littérature fait les gens lettrés ; l'érudition, les gens de lettres ; le savoir, les doctes ; la science, les savants ; la doctrine, les gens instruits.*

Napoléon Landais

13• *La littérature n'est pas objet de savoir : elle est exercice, goût, plaisir. On ne la sait pas, on ne l'apprend pas : on la pratique, on la cultive, on l'aime.*

Gustave Lanson

14• *Fonctionnellement, la connotation, engendrant par principe le double sens, altère la pureté de la communication : c'est un « bruit »,* *volontaire, soigneusement élaboré, introduit dans le dialogue fictif de l'auteur et du lecteur, bref une contre-communication (la Littérature est une cacographie intentionnelle).*

Roland Barthes

15• *[L'œuvre d'art, œuvre ouverte] Une pluralité de signifiés qui coexistent en un seul signifiant.*

Umberto Eco

16• *L'objet de la science de la littérature n'est pas la littérature mais la* littérarité, *c'est-à-dire ce qui fait d'une œuvre donnée une œuvre littéraire.*

Roman Jakobson

17• *C'est singulier : en littérature, quand la forme n'est pas nouvelle, le fond ne l'est pas non plus.*

Remy de Gourmont

18• *C'est avec les beaux sentiments qu'on fait de la mauvaise littérature.*

André Gide

19• *Il faut l'avouer, le présent est pour les riches, et l'avenir pour les vertueux et les habiles. Homère est encore et sera toujours : les receveurs de droits, les publicains ne sont plus ; ont-ils été ? leur patrie, leurs noms sont-ils connus ? y a-t-il eu dans la Grèce des partisans ? Que sont devenus ces importants personnages qui méprisaient Homère, qui ne songeaient dans la place qu'à l'éviter, qui ne lui rendaient pas le salut, ou qui le saluaient par son nom, qui ne daignaient pas l'associer à leur table, qui le regardaient comme un homme qui n'était pas riche et qui faisait un livre ?*

Jean de La Bruyère

• LE LIVRE •

20• *Il n'y a si mauvais livre où il ne se trouve quelque chose d'utile.*

Pline l'Ancien

21• *Je crains l'homme d'un seul livre.*

Thomas d'Aquin

22• *Je hais les livres. Ils n'apprennent qu'à parler de ce qu'on ne sait pas.*

Jean-Jacques Rousseau

23• *Un livre n'est jamais un chef-d'œuvre : il le devient.*

Edmond et Jules de Goncourt

24• *Oh ! quels tombeaux creusent les livres*
Et que de fronts armés y descendent vaincus !

Émile Verhaeren

25• *La chair est triste, hélas ! et j'ai lu tous les livres.*

Stéphane Mallarmé

26• *Ce qui fait le mérite d'un livre, ce ne sont pas ses qualités ou ses défauts. Il tient tout entier en ceci : qu'un autre que son auteur n'aurait pu l'écrire.*

Paul Léautaud

27• *Le livre est l'ami de la solitude. Il nourrit l'individualisme libérateur. Dans la lecture solitaire, l'homme qui se cherche lui-même a quelque chance de se rencontrer.*

Georges Duhamel

28• *Un livre est une fenêtre par laquelle on s'évade.*

Julien Green

29• *Un livre doit être la hache qui brise la mer gelée en nous.*

Franz Kafka

30• *Quand je pense à tous les livres qu'il me reste encore à lire, j'ai la certitude d'être encore heureux.*

Jules Renard

31• *Depuis l'*Évangile *jusqu'au* Contrat social, *ce sont les livres qui ont fait les révolutions.*

Louis de Bonald

32• *L'oracle qui ordonna de consulter les morts voulait sans doute parler des livres.*

Christine de Suède

33• *La Bibliothèque est une sphère dont le centre véritable est un hexagone quelconque, et dont la circonférence est inaccessible.*

Jorge Luis Borges

34• *La culture, c'est ce qui demeure dans l'homme lorsqu'il a tout oublié.*

Émile Henriot

35• *Quand j'entends le mot culture, j'ai envie de sortir mon revolver.*

Attribué à Hans Johst

36• *La culture nous apparaît d'abord comme la connaissance de ce qui a fait de l'homme autre chose qu'un accident de l'univers.*

André Malraux

II• Le langage, la langue

37• *La langue est la meilleure et la pire des choses.*

Ésope

38• *Évite que ta langue ne devance ta pensée.*

Chilon de Sparte cité par Diogène Laërce

39• *Par cela même que les unes et les autres de ces langues [des animaux] sont naturelles, elles ne sont pas acquises ; les animaux qui les parlent les ont en naissant, ils les ont tous, et partout la même : ils n'en changent point, ils n'y font pas le moindre progrès. La langue de convention n'appartient qu'à l'homme. Voilà pourquoi l'homme fait des progrès soit en bien soit en mal, et pourquoi les animaux n'en font point.*

Jean-Jacques Rousseau

40• *Le langage est un acte physiologique en ce qu'il met en œuvre plusieurs organes du corps humain. C'est un acte psychologique en ce qu'il suppose l'activité volontaire de l'esprit. C'est un acte social en ce qu'il répond à un besoin de communication entre les hommes.*

Joseph Vendryès

41• *Quand on se fait entendre, on parle toujours bien.*

Molière

42• *Ce que l'on conçoit bien s'énonce clairement,*
Et les mots pour le dire arrivent aisément.
Surtout qu'en vos écrits la langue révérée
Dans vos plus grands excès vous soit toujours sacrée.

Nicolas Boileau

43• *Un bon auteur, et qui écrit avec soin, éprouve souvent que l'expression qu'il cherchait depuis longtemps sans la connaître, et qu'il a enfin trouvée, est celle qui était la plus simple, la plus naturelle, qui semblait devoir se présenter d'abord et sans effort.*

Jean de La Bruyère

44• *C'est un crime de lèse-majesté d'abandonner le langage de son pays, vivant et florissant, pour vouloir déterrer je ne sais quelle cendre des anciens.*

Pierre de Ronsard

45• *Le français, par un privilège unique, est seul resté fidèle à l'ordre direct. C'est de là que résulte cette admirable clarté, base éternelle de notre langue : ce qui n'est pas clair n'est pas français.*

Rivarol

46• *Ses écrivains, en parlant la langue française à la perfection, ont contribué plus que les conquêtes de Louis XIV à la rendre universelle.*

Voltaire

47• *L'ineffable, c'est la pensée obscure. Le mot donne à sa pensée son existence la plus haute.*

Friedrich Hegel

48• *Tout Français a toujours eu l'habitude de parler devant un tribunal d'experts qui saura lui demander compte de chaque mot prononcé par lui.*

Paul Claudel

49• *Pour extirper tous les préjugés, développer toutes les vérités, tous les talents, toutes les vertus, fondre tous les citoyens dans la masse nationale, simplifier le mécanisme et faciliter le jeu de la machine politique, il faut identité de langage.*

Abbé Grégoire

50• *L'orthographe est en France un puissant héritage, mieux, une institution, sinon même une religion. C'est ce qui peut expliquer qu'en dépit des incohérences et des scories qu'y a accumulées une histoire capricieuse, elle exerce indéfiniment son pouvoir de fascination.*

Claude Hagège

51• *Une monstrueuse aberration fait croire aux hommes que le langage est né pour faciliter leurs relations mutuelles.*

Michel Leiris

52• *[L'écriture] paraît favoriser l'exploitation des hommes avant leur illumination. [...] Il faut admettre que la fonction primaire de la communication écrite est de faciliter l'asservissement.*

Claude Lévi-Strauss

53• *Sainte écriture ! il n'est endroit de la planète où des signes gravés dans le marbre, coulés dans le bronze, creusés dans chaque matière résistante ou précieuse ne lui aient conféré une pérennité solennelle.*

Roger Caillois

54• *Langage. Ce qu'on a trouvé de mieux pour honorer le silence.*

Georges Perros

55• *La langue, comme performance de tout langage, n'est ni réactionnaire, ni progressiste ; elle est tout simplement : fasciste ; car le fascisme, ce n'est pas d'empêcher de dire, c'est d'obliger à dire.*

Roland Barthes

56• *Chaque langue correspond à une réorganisation, qui peut toujours être particulière, des données de l'expérience. [...] Une langue est un prisme à travers lequel ses usagers sont condamnés à voir le monde.*

Georges Mounin

57• *La conversation est un jeu de sécateur, où chacun taille la voix du voisin aussitôt qu'elle pousse.*

Jules Renard

58• *Pour juger combien nous importunons en parlant de nous, il faut songer combien les autres nous importunent quand ils parlent d'eux.*

Mme de Sévigné

59• *Généralement, les gens qui savent peu parlent beaucoup, et les gens qui savent beaucoup parlent peu.*

Jean-Jacques Rousseau

60• *La connaissance de la réalité est une condition illusoire de notre compréhension des mots.*

Michael Riffaterre

61• *Pour avoir découvert le monde à travers le langage, je pris longtemps le langage pour le monde.*

Jean-Paul Sartre

62• *Le signifiant exige un autre lieu pour que la Parole qu'il supporte puisse mentir, c'est-à-dire se poser comme Vérité.*

Jacques Lacan

III• La poésie

63• *Le poète est chose légère, ailée, sacrée, et il ne peut créer avant de sentir l'inspiration, d'être hors de lui et de perdre l'usage de sa raison. Tant qu'il n'a pas reçu ce don divin, tout homme est incapable de faire des vers et de rendre des oracles.*

Platon

64• *Le poète, dit Platon, assis sur le trépied des Muses, verse de furie tout ce qui lui vient en la bouche, comme la gargouille d'une fontaine, sans le ruminer et peser, et lui échappe des choses de diverse couleur, de contraire substance et d'un cours rompu. Lui-même est tout poétique, et la vieille théologie, poésie, disent les savants, et la première philosophie. C'est l'original langage des dieux.*

Montaigne

65• *J'ai oublié l'art de pétrarquiser,*
Je veux d'amour franchement deviser,
Sans vous flatter et sans me déguiser.

Joachim Du Bellay

66• *Le style prosaïque est ennemi capital de l'éloquence poétique.*

Pierre de Ronsard

67• *Un sonnet sans défaut vaut seul un long poème.*

Nicolas Boileau

68• *La nature bien ordonnée, contemplée par l'homme bien ordonné, est la base, le fondement, l'essence du beau poétique.*

Joseph Joubert

69• *La poésie veut quelque chose d'énorme, de barbare et de sauvage.*

Denis Diderot

70• *Tantôt c'est le langage des Dieux, tantôt c'est le langage des Fous ; rarement celui d'un Honnête-homme.*

Saint-Évremond

71• *[Le propre de la poésie] est de réfléchir par les couleurs, les sons et les rythmes, toutes les beautés de l'univers.*

Mme de Staël

72• *La poésie est de toutes les eaux claires celle qui s'attarde le moins aux reflets du pont.*

René Char

73• *La cadence lyrique est celle de la nature, des eaux, du vent, de la nuit.*

Rainer Maria Rilke

74• *Autrefois, j'avais trop le respect de la nature. Je me mettais devant les choses et les paysages, et je les laissais faire. Fini ! Maintenant j'interviendrai.*

Henri Michaux

75• *La poésie est la trace fossile, dans une pierre, d'une nageoire et d'une aile, avec entre elles un serment illisible.*

Carl Sandburg

76• *Je veux faire des vers qui ne soient pas contraints,*
Promener mon esprit par de petits desseins,
Chercher des lieux secrets où rien ne me déplaise [...]
Écrire dans les bois, m'interrompre, me taire,
Composer un quatrain sans songer à le faire.

Théophile de Viau

77• *Presque personne n'aime les vers, et le monde des vers est fictif et faux.*

Witold Gombrowicz

78• *La rime est une esclave et ne doit qu'obéir.*

Nicolas Boileau

79• *L'art ne fait que des vers, le cœur seul est poète.*

André Chénier

80• *Dans toute poésie, le chaos doit transparaître sous le voile uni de l'ordre.*

Novalis

81• *La poésie est l'étoile*
Qui mène à Dieu rois et pasteurs.

Victor Hugo

82• *Le Poète est semblable au prince des nuées*
Qui hante la tempête et se rit de l'archer ;
Exilé sur le sol au milieu des huées,
Ses ailes de géant l'empêchent de marcher.

Charles Baudelaire

83• *Un poète est un monde enfermé dans un homme.*

Victor Hugo

84• *Poésie ! ô trésor ! perle de la pensée !*

Alfred de Vigny

85• *La philosophie est attentive à ne pas faire de l'esprit un corps ; la poésie ne se réjouit de rien plus que de donner à cet esprit une apparence corporelle.*

Giambattista Vico

86• *Je connais un poète, d'une nature toujours orageuse et vibrante, qu'un vers de Malherbe, symétrique et carré de mélodie, jette dans de longues extases.*

Charles Baudelaire

87• *De la musique avant toute chose [...]*
De la musique encore et toujours !
Que ton vers soit la chose envolée
Qu'on sent qui fuit d'une âme en allée
Vers d'autres cieux à d'autres amours.

Paul Verlaine

88• *La poésie est composition et c'est grâce à la composition qu'elle procure à l'oreille et au cœur de l'auditeur le plaisir qui lui est propre.*

Paul Claudel

89• *Le poète est celui qui inspire bien plus que celui qui est inspiré.*

Paul Éluard

90• *Un grand poète est moins un inventeur qu'un découvreur.*

Jorge Luis Borges

91• *Sur des pensers nouveaux faisons des vers antiques.*

André Chénier

92• *À des temps nouveaux, il faut, sinon des mots nouveaux, du moins des dispositions nouvelles de mots. Ces arrangements, il n'y a que le cœur pour les dicter, et le respect que donne le véritable amour.*

Albert Camus

93• *On ne pense qu'à entretenir, conserver, momifier. [...] Un langage nouveau suscite des idées nouvelles et des pensers nouveaux veulent une langue fraîche.*

Raymond Queneau

94• *Mes sonnets ne sont guère plus obscurs que la métaphysique de Hegel et perdraient leur charme à être expliqués, si la chose était possible.*

Gérard de Nerval

95• *Création et mystère forment le trésor de Poésie.*

Pierre-Jean Jouve

96• *Le poème est un miracle, le seul miracle humain.*

Alain

97• *Nommer un objet, c'est supprimer les trois quarts de la jouissance du poème qui est faite du bonheur de deviner peu à peu : le suggérer, voilà le rêve.*

Stéphane Mallarmé

98• *La poésie n'est pas dans ce qu'on a à dire mais entre ce qu'on a à dire et le moyen de le dire. Elle n'est pas ce qu'on a à dire, mais le besoin de le dire, l'aspiration à le dire — et le faire.*

Pierre Reverdy

99• *Le chef d'œuvre littéraire de la France est peut-être sa prose abstraite.*

Paul Valéry

100• *Le français a cette singularité d'être poétique surtout dans sa prose.*

Philippe Sollers

101• *Quel était le but des anciennes formules incantatoires par lesquelles débutaient les récits, comme « Il était une fois… » ou « Il y a très, très longtemps… », et quel est celui de leurs équivalents modernes, si ce n'est d'envoûter le public afin d'imposer silence à ses facultés critiques, de l'amener à suspendre son incrédulité et de le faire accéder à cet état d'« illusion » dont a parlé Coleridge et qu'il a rapproché du rêve ?*

Margaret Macdonald

102• *Je lis comme je voudrais qu'on me lise ; c'est-à-dire : très lentement.*

André Gide

103• *Chaque nouvelle lecture d'un poème ancien fait un poème nouveau.*

Jacques Roubaud

IV• Le théâtre

104• *La tragédie est l'imitation d'une action sérieuse, qui se suffit à elle même, d'une certaine étendue, en un langage orné, avec des événements qui suscitent pitié et terreur et qui a pour effet d'élever l'âme et de purifier de semblables passions.*

Aristote

105• *La fermeté des grands cœurs, qui n'excite que de l'admiration dans l'âme du spectateur, est quelquefois aussi agréable que la compassion que notre art nous ordonne d'y produire par la représentation de leurs malheurs.*

Pierre Corneille

106• *Ce n'est point une nécessité qu'il y ait du sang et des morts dans une tragédie ; il suffit que l'action en soit grande, que les acteurs en soient héroïques, que les passions y soient excitées, et que tout s'y ressente de cette tristesse majestueuse qui fait tout le plaisir de la tragédie.*

Jean Racine

107• *Le poème tragique [...] vous conduit à la terreur par la pitié, ou réciproquement à la pitié par le terrible ; vous mène par les larmes, par les sanglots, par l'incertitude, par l'espérance, par la crainte, par les surprises et par l'horreur jusqu'à la catastrophe.*

Jean de La Bruyère

108• *La tragédie balance entre les pôles d'un nihilisme extrême et d'un espoir illimité.*

Albert Camus

109• *Qu'en un lieu, qu'en un jour, un seul fait accompli*
Tienne jusqu'à la fin le théâtre rempli.

Nicolas Boileau

110• *Je conjure [les spectateurs] d'avoir assez bonne opinion d'eux-mêmes pour ne pas croire qu'une pièce qui les touche et qui leur donne du plaisir puisse être absolument contre les règles.*

Jean Racine

111• *En vain contre le Cid un ministre se ligue ;*
Tout Paris pour Chimène a les yeux de Rodrigue :
L'Académie en corps a beau le censurer,
Le public révolté s'obstine à l'admirer.

Nicolas Boileau

112• *Bien souvent la cage des unités ne renferme qu'un squelette.*

Victor Hugo

113• *Les causes et les desseins d'une action entrent dans l'exposition du sujet et en occupent le commencement ; ils ne peuvent manquer d'être suivis d'obstacles et de traverses, et par conséquent de former un nœud dans le centre ou milieu de la pièce, et la résolution de ce nœud est l'achèvement ou la fin de l'action.*

Abbé Nadal

114• *Il n'y a que le vraisemblable qui touche dans la tragédie.*

Jean Racine

115• *Le vraisemblable est tout ce qui est conforme à l'opinion du public.*

René Rapin

116• *Le vrai peut quelquefois n'être pas vraisemblable.*

Nicolas Boileau

117• *Corneille nous assujettit à ses caractères et à ses idées, Racine se conforme aux nôtres ; celui-là peint les hommes comme ils devraient* *être, celui-ci les peint tels qu'ils sont. [...] L'on est plus occupé aux pièces de Corneille ; l'on est plus ébranlé et plus attendri à celles de Racine. Corneille est plus moral, Racine plus naturel. Il semble que l'un imite Sophocle, et que l'autre doit plus à Euripide.*

Jean de La Bruyère

118• *Lorsque vous peignez les hommes, il faut peindre d'après nature. On veut que ces portraits ressemblent ; et vous n'avez rien fait, si vous n'y faites reconnaître les gens de votre siècle. En un mot, dans les pièces sérieuses, il suffit, pour n'être point blâmé, de dire des choses qui soient de bon sens et bien écrites ; mais ce n'est pas assez dans les autres, il y faut plaisanter ; et c'est une étrange entreprise que celle de faire rire les honnêtes gens.*

Molière

119• *En pensant bien, [Molière] parle souvent mal. Il se sert des phrases les plus forcées et les moins naturelles.*

Fénelon

120• *Il n'a manqué à Molière que d'éviter le jargon et le barbarisme.*

Jean de La Bruyère

121• *Examinez le comique de cet auteur [Molière] : partout vous trouverez que les vices de caractère en sont l'instrument, et les défauts naturels le sujet ; que la malice de l'un punit la simplicité de l'autre ; et que les sots sont victimes des méchants.*

Jean-Jacques Rousseau

122• *Le Drame est un beau moment de la vie humaine, qui révèle l'intérieur d'une famille, où sans négliger les grands traits on recueille précieusement les détails.*

Louis-Sébastien Mercier

123• *L'intrigue doit être simple, domestique et voisine de la vie réelle.*

Denis Diderot

124• *Je sors du spectacle meilleur que je n'y suis entré, par cela seul que j'ai été attendri.*

Beaumarchais

125• *Les pièces attendrissantes seront d'après les romans tendres et passionnés. Je dis plus : le genre larmoyant, puisqu'on l'appelle ainsi, me paraît plus naturel, plus conforme à nos mœurs que la tragédie.*

Fréron

126• *Si vous excellez dans le genre sérieux, vous plairez dans tous les temps et chez tous les peuples.*

Denis Diderot

127• *Dans le système qui vient de s'éteindre, toute tragédie était une catastrophe et un dénouement d'une action déjà mûre au lever du rideau, qui ne tenait plus qu'à un fil et n'avait plus qu'à tomber.*

Alfred de Vigny

128• *Le drame, c'est le grotesque avec le sublime, l'âme sous le corps, c'est une tragédie sous une comédie. [...] La scène romantique ferait un mets piquant, varié, savoureux, de ce qui sur le théâtre classique est une médecine divisée en deux pilules.*

Victor Hugo

129• Forme dramatique du théâtre : *la scène incarne l'action, fait participer le spectateur à l'action, consume son activité, provoque en lui des sentiments...* Forme épique du théâtre : *la scène fait le récit de l'action, fait du spectateur un observateur critique, éveille son activité, lui arrache des jugements.*

Bertolt Brecht

130• *Plus de caractères : les héros sont des libertés prises au piège, comme nous tous. Quelles sont les issues ? Chaque personnage ne sera rien que le choix d'une issue et ne vaudra pas plus que l'issue choisie.*

Jean-Paul Sartre

131• *La vie n'est qu'une ombre qui passe, un pauvre acteur qui se pavane et s'agite durant son heure sur la scène et qu'ensuite on n'entend plus. C'est une histoire dite par un idiot, pleine de bruit et de fureur, et qui ne signifie rien.*

William Shakespeare

132• *Il y a dans le feu de vie, dans l'appétit de vie, dans l'impulsion irraisonnée à la vie une espèce de méchanceté initiale.*

Antonin Artaud

133• *Le dieu de l'art dramatique est avant tout un dieu de dépassement, le dieu de la poésie frénétique, de la libération vertigineuse des sentiments.*

Pierre-Aimé Touchard

134• *Il n'est pas de théâtre sans langage et sans style, ni d'œuvre dramatique valable qui, à l'exemple de notre théâtre classique et des tragiques grecs, ne mette en jeu le destin humain tout entier dans ce qu'il a de simple et grand.*

Albert Camus

V• Le roman

135• *Ce que l'on appelle proprement Romans sont des fictions d'aventures amoureuses, écrites en prose avec art, pour le plaisir et l'instruction des lecteurs. Je dis des fictions, pour les distinguer des histoires véritables. J'ajoute, d'aventures amoureuses parce que l'Amour doit être le principal sujet du Roman. Il faut qu'elles soient écrites en prose, pour être conformes à l'usage de ce siècle.*

Pierre Daniel Huet

136• *J'estime que je ne m'abuserai non plus en affirmant les livres d'Amadis être des instruments fort propres pour la corruption des mœurs, ce que j'ai délibéré de montrer en peu de langage afin que l'innocence de la jeunesse craigne de s'aller envelopper dans ces invisibles filets, qui sont subtilement tendus.*

François de La Noue

137• *Avec un peu d'imagination et de style, rien n'est plus aisé que de filer un roman. [...] Il y aurait des mots offensants de dits, une querelle, des épées tirées, une bagarre dans toutes les règles.*

Denis Diderot

138• *Un roman policier, c'est un peu comme dans un jeu de société. Il y a là aussi un certain nombre de règles : ne pas rester trop longtemps sans tuer quelqu'un, répartir convenablement les scènes de violence, ouvrir sur un temps fort.*

Patrick Manchette

139• *Je vois là-dedans un poète qui arrange et non le sort capricieux qui nous joue.*

Denis Diderot

140• *Supposons donc, qu'au roman narratif un esprit créateur substitue le roman dramatique, dans lequel l'action imaginaire se déroule en tableaux vrais et variés, comme se déroulent les événements réels de la vie.*

Victor Hugo

141• *Un roman, c'est un miroir qu'on promène au long d'un chemin.*

Saint-Réal
(cité par Stendhal)

142• *Un roman est une action racontée de différents points de vue.*

Jean-Paul Sartre

143• *Si le roman est de la vie racontée, il suppose un narrateur. C'est, si l'on veut, un témoignage et qui implique deux choses : une réalité que l'on atteste et un témoin qui l'atteste.*

Paul Bourget

144• *Le roman est une méditation sur l'existence vue au travers de personnages imaginaires.*

Milan Kundera

145• *Le vrai roman, c'est celui dont la signification dépasse l'anecdote, la transcende vers une vérité humaine profonde, une morale ou une métaphysique.*

Alain Robbe-Grillet

146• *On vit dans le temps, on compte dans le temps. Le roman se déroule au présent, comme la vie. Le parfait n'est romanesque qu'en apparence ; il faut le tenir pour un présent* avec recul esthétique, *pour un artifice de mise en scène. Dans le roman les jeux ne sont pas faits, car l'homme romanesque est libre. Ils se font sous nos yeux ; notre impatience, notre attente, notre ignorance sont les mêmes que celles du héros.*

Jean-Paul Sartre

147• *Le monde romanesque n'est que la correction de ce monde-ci, suivant le désir profond de l'homme.*

Albert Camus

148• *Le récit classique, construction dramatique, est fait de rapprochements forcés, de la suppression de temps morts. Il consiste à feindre que des événements, effectivement liés entre eux en des rapports de cause à effet, succèdent immédiatement les uns aux autres.*

Jean-François Revel

149• *Alors que le récit véridique a toujours l'appui, la ressource d'une évidence extérieure, le roman doit suffire à susciter ce dont il nous entretient.*

Michel Butor

150• *En somme ce ne sont plus des romans que nous écrivons. Le nom demeure, les éditeurs n'osant changer les habitudes du public et allant jusqu'à baptiser romans des recueils de nouvelles ou de souvenirs. Ce prétendu* nouveau roman *dont nous sommes quelques-uns à défendre le principe n'a plus rien de romanesque au sens traditionnel du mot. L'imagination y a moins de part que l'observation. Toute invention y est suspecte. Notre ambition est plus proche de celle des peintres que de celle des romanciers. Il s'agit pour nous de montrer le monde extérieur (et son reflet intérieur) tel que nous le voyons.*

Claude Mauriac

151• *Autrefois, l'espace que décrivait le romancier était mixte ; il y avait une partie d'imaginaire qui provenait du romancier lui-même, et une partie de réel qu'il empruntait à son temps, à sa société, à l'expérience commune de ses lecteurs de l'époque. Le roman révélait à la fois les hantises du romancier et les soucis d'une certaine société.*

Bernard Pingaud

152• *Le Nouveau Roman. Cette notion journalistique rassemble des ouvrages en fait très différents, mais qui ont des points, des aspects de* *contemporanéité très importants. Ce sont des livres qui ne ressemblent pas à ceux dont on a l'habitude, en particulier à ceux qui ont habituellement des prix littéraires.*

Michel Butor

153• *Lorsqu'on fait un conte, c'est à quelqu'un qui l'écoute ; et pour peu que le conte dure, il est rare que le conteur ne soit pas interrompu quelquefois par son auditeur.*

Denis Diderot

154• *Le roman ! qui en expliquera le miracle ? Le titre nous avertit que nous allons lire un mensonge et, au bout de quelques pages, l'imprimé menteur nous abuse comme si nous lisions un livre « où cela serait arrivé ». Nous donnons notre intérêt, notre émotion, notre attendrissement, une larme parfois à de l'histoire humaine que nous savons ne pas avoir été.*

Edmond de Goncourt

155• *Le roman constitue le matériau sur lequel peuvent travailler philosophes, historiens, sociologues. À travers le roman se voient ou se cachent les maladies du corps social.*

Maurice Nadeau

156• *Lorsque le romancier laisse imprimer le mot « roman » sur la couverture de son livre, il prend l'engagement de distraire. S'il ne le tient pas, s'il invite seulement à penser ou à rêver, il est philosophe, poète, mais il n'est pas romancier.*

Kléber Haedens

157• *Un peu plus, un peu moins, tout homme est suspendu aux récits, aux romans, qui lui révèlent la vérité multiple de la vie. Seuls ces récits, lus parfois dans les transes, le situent devant le destin.*

Georges Bataille

158• *On avait tout simplement oublié ce qu'était un livre, ce qu'il avait à offrir. On avait oublié, par exemple, qu'un roman* raconte d'abord une histoire. *On ne savait pas qu'un roman doit être lu comme un roman : étancher* d'abord *notre soif de récit.*

Daniel Pennac

159• *Le XXe siècle ne sera pas seulement le siècle de la bombe atomique, mais aussi celui où le roman sera devenu non plus l'affaire de quelques hommes, se contentant après tout de le développer de façon linéaire, mais une sorte de gigantesque entreprise comparable à la science.*

Louis Aragon

VI• Essais et polémiques

160• *Le superflu des riches devrait servir pour le nécessaire des pauvres, mais tout au contraire, le nécessaire des pauvres sert pour le superflu des riches.*

Jean Domat

161• *Il y a des misères sur la terre qui saisissent le cœur. Il manque à quelques-uns jusqu'aux aliments ; ils redoutent l'hiver ; ils appréhendent de vivre. L'on mange ailleurs des fruits précoces ; l'on force la terre et les saisons pour fournir à sa délicatesse : de simples bourgeois, seulement à cause qu'ils étaient riches, ont eu l'audace d'avaler en un seul morceau la nourriture de cent familles.*

Jean de La Bruyère

162• *Heureux âge, et siècles heureux, ceux auxquels les anciens donnèrent le nom d'âge d'or, non point parce que ce métal, qui s'estime tant dans notre âge de fer, se recueillait sans aucune peine à cette époque fortunée, mais parce qu'alors ceux qui vivaient ignoraient ces deux mots,* tien *et* mien *!*

Miguel de Cervantes

163• *Pourquoi celui qui a la certitude de ne jamais manquer de rien chercherait-il à posséder plus qu'il ne lui faut ?*

Thomas More

164• *Mien, tien. « Ce chien est à moi, disaient ces pauvres enfants ; c'est là ma place au soleil. » Voilà le commencement et l'image de l'usurpation de toute la terre.*

Blaise Pascal

165• *Le premier qui, ayant enclos un terrain, s'avisa de dire :* Ceci est à moi *et trouva des gens assez simples pour le croire, fut le vrai fondateur de la société civile. Que de crimes, de guerres, de meurtres, que de misères et d'horreurs n'eût point épargnés au genre humain celui qui arrachant les pieux ou comblant le fossé, eût crié à ses semblables : Gardez-vous d'écouter cet imposteur ; vous êtes perdus si vous oubliez que les fruits sont à tous, et que la terre n'est à personne !*

Jean-Jacques Rousseau

166• *Bon appétit, Messieurs ! O ministres intègres !*
Conseillers vertueux ! Voilà votre façon
De servir, serviteurs qui pillez la maison.

Victor Hugo

167• *Ces biens bourgeois que sont par exemple, la messe du dimanche, la xénophobie, le bifteck-frites et le comique de cocuage, bref ce qu'on appelle une idéologie.*

Roland Barthes

168• *Aux vertus qu'on exige dans un domestique, Votre Excellence connaît-elle beaucoup de maîtres qui fussent dignes d'être valets ?*

Beaumarchais

169• *Les vrais croyants sont ceux qui veulent abolir l'exploitation de l'homme par l'homme, et, par suite, les haines d'homme à homme ; les haines aussi de race à race, de nation à nation, toutes les haines, et créer vraiment l'humanité qui n'est pas encore. Mais créer l'humanité, c'est créer la raison, la douceur, l'amour, et qui sait si Dieu n'est pas au fond de ces choses ?*

Jean Jaurès

170• *Nous nous rangeons du côté de ceux qui veulent changer à la fois la condition sociale de l'homme et la conception qu'il a de lui-même.*

Jean-Paul Sartre

171• *Les prolétaires n'ont rien à perdre que leurs chaînes. Ils ont un monde à gagner. Prolétaires de tous les pays, unissez vous !*

Karl Marx

172• *L'homme d'esprit, celui qui ne s'accordera jamais avec personne, doit s'appliquer à aimer la conversation des imbéciles et la lecture des mauvais livres. Il en tirera des jouissances amères qui compenseront largement sa fatigue.*

Charles Baudelaire

173• *Il y a des reproches qui louent, et des louanges qui médisent.*

La Rochefoucauld

174• *J'ai eu quelquefois la louange perfide.*

Sainte-Beuve

175• *L'âne frotte l'âne.* (Asinus asinum fricat.)

Locution anonyme

176• *De toutes les haines, il n'en est pas de plus grande que celle de l'ignorance contre le savoir.*

Galilée

177• *Tous les persécuteurs se sont déclaré une guerre mortelle, tandis que le philosophe, opprimé par eux tous, s'est contenté de les plaindre.*

Voltaire

178• *La bêtise, c'est l'aptitude au bonheur.*

Anatole France

179• *Le plus souvent, qui veut s'instruire est gêné par l'autorité de ceux qui enseignent.* (Obest plerumque iis, qui discere volunt, auctoritas eorum qui docent.)

Cicéron

180• *Se moquer de la philosophie, c'est vraiment philosopher.*

Blaise Pascal

181• *L'ignorance vaut mieux qu'un savoir affecté.*

Nicolas Boileau

182• *Le courage, c'est de chercher la vérité et de la dire : c'est de ne pas subir la loi du mensonge triomphant qui passe.*

Jean Jaurès

183• *L'indignation fait jaillir le vers.* (Facit indignatio versus.)

Ovide

184• *Les gens de lettres qui ont rendu le plus de services au petit nombre d'êtres pensants répandus dans le monde sont les lettrés isolés, les vrais savants renfermés dans leur cabinet, qui n'ont ni argumenté sur les bancs des universités, ni dit les choses à moitié dans les académies ; et ceux-là ont presque tous été persécutés.*

Voltaire

185• *La censure épargne les corbeaux et tourmente les colombes.*

Juvénal

186• *La critique est aisée, mais l'art est difficile.*

Destouches

187• *Pourvu que je ne parle ni de l'autorité, ni du culte, ni de la politique, ni de la morale, ni des gens en place, ni des corps en crédit, ni de l'Opéra, ni des autres spectacles, ni de personne qui tienne à quelque chose, je puis tout imprimer librement, sous l'inspection de deux ou trois censeurs.*

Beaumarchais

188• *De la censure des œuvres, on est passé à la persécution des auteurs. Un délit nouveau est arrivé : c'est le délit de littérature.*

Christian Salmon

189• *Le premier devoir d'un écrivain est d'écrire ce qu'il pense, coûte que coûte. Ceux qui préfèrent mentir n'ont qu'à choisir un autre métier — celui de politicien, par exemple.*

Georges Bernanos

190• *Ô sœurs des corolles vermeilles,*
Filles de la lumière, abeilles,
Envolez-vous de ce manteau.

Victor Hugo
(à propos de Napoléon III)

191• *Il y a des fanatiques de sang-froid : ce sont les juges qui condamnent à la mort ceux qui n'ont d'autre crime que de ne pas penser comme eux.*

Voltaire

192• *J'accuse !*

Émile Zola
(Lettre ouverte à Félix Faure)

193• *J'aime les paysans : ils ne sont pas assez savants pour raisonner de travers.*

Montesquieu

194• *C'est un terrible avantage de n'avoir rien fait, mais il ne faut pas en abuser.*

Rivarol

195• *Les maximes générales sont surtout bonnes contre les peines et les erreurs du voisin.*

Alain

196• *Une préface ne doit être qu'un titre plus long.*

Jean Paul

197• *Un trait d'esprit annonce toujours la mort d'une idée.*

Alain

198• *Dans la queue [la fin d'un texte] se trouve le venin.*
(In cauda venenum.)

Proverbe latin

VII• L'autobiographie

199• *Récit introspectif en prose qu'une personne réelle fait de sa propre existence, lorsqu'elle met l'accent sur sa vie individuelle, en particulier sur l'histoire de sa personnalité.*

Philippe Lejeune

200• *L'autobiographie, c'est l'art de ceux qui ne sont pas artistes, le roman de ceux qui ne sont pas romanciers.*

Albert Thibaudet

201• *Consacrer sa vie à la vérité.*

Juvénal

202• *C'est ici un livre de bonne foi, lecteur. Il t'avertit dès l'entrée que je ne m'y suis proposé aucune fin, que domestique et privée. Je n'y ai eu nulle considération de ton service, ni de ma gloire : mes forces ne sont pas capables d'un tel dessein. Je l'ai voué à la commodité particulière de mes parents et amis : à ce que, m'ayant perdu (ce qu'ils ont à faire bientôt), ils y puissent retrouver aucuns traits de mes conditions et humeurs, et que par ce moyen ils nourrissent plus entière et plus vive la connaissance qu'ils ont eue de moi.*

Montaigne

203• *Voici le seul portrait d'homme, peint exactement d'après nature et dans toute sa vérité, qui existe et qui probablement existera jamais.*

Jean-Jacques Rousseau

204• *L'autobiographie de Rousseau a contribué au premier chef à transformer le concept même de littérature, centré désormais, non plus sur l'œuvre, être ou objet existant pour soi, mais sur l'auteur, et moins sur l'auteur que sur l'homme avec son drame personnel et sa figure irremplaçable.*

Marcel Raymond

205• *J'ai pris la liberté de reprendre dans ces entretiens* [Rousseau juge de Jean-Jacques. Dialogues] *mon nom de famille que le public a jugé à propos de m'ôter, et je me suis désigné en tiers à son exemple par celui de baptême auquel il lui a plu de me réduire.*

Jean-Jacques Rousseau

206• *Si j'avais à me juger moi-même, poursuivant l'amour-propre dans tous ses déguisements, je dirais : « S.-B. ne fait pas un portrait qu'il ne s'y mire ; sous prétexte de peindre quelqu'un, c'est toujours un profil de lui-même qu'il nous décrit. » Car remarquez bien : c'est soi-même encore toujours qu'on préfère et qu'on célèbre chez les autres. Chaque critique, dans les types favoris qu'il ramène, ne fait que sa propre apothéose.*

Sainte-Beuve

207• *Mon lecteur doit remarquer que je me préoccupe beaucoup plus de lui faire repasser et commenter sa propre existence, celle de nous tous, que de l'intéresser à la mienne propre ; mais j'ai lieu de croire que mon histoire intellectuelle est celle de la génération à laquelle j'appartiens.*

George Sand

208• *Un personnage exprime sa pensée la plus intime, la plus proche de l'inconscient, antérieurement à toute organisation logique ; c'est-à-dire en son état naissant, par le moyen de phrases directes réduites au minimum syntaxial, de façon à donner l'impression du* tout venant.

Édouard Dujardin

209• *Depuis à peu près dix ans je suis un homme qui s'éveille, guéri d'une longue, amère et douce folie et qui n'en revient pas, et qui ne peut se rappeler sans rire ses anciens errements et qui ne sait plus que faire de sa vie.*

Jean-Paul Sartre

210• *Mon journal intime est caché à l'intérieur de mes livres, qui sont écrits pour mettre une unité dans ma vie. On a eu tort, surtout à l'époque du Nouveau Roman, de vouloir séparer les deux choses. L'œuvre littéraire résulte de l'existence et, en retour, l'existence est profondément bouleversée par elle.*

Michel Butor

211• *Le moi de l'écrivain ne se montre que dans ses livres.*

Marcel Proust

212• *Je n'ai jamais parlé d'autre chose que de moi. Comme c'était de l'intérieur, on ne s'en est guère aperçu. Heureusement.*

Alain Robbe-Grillet

213• *Qui n'a perdu un ami ? qui ne l'a vu mourir ? La réflexion est juste, cependant personne ne s'est corrigé de raconter ses propres aventures. [...] Chaque homme renferme en soi un monde à part, étranger aux lois et aux destinées générales des siècles.*

Chateaubriand

214• *L'on a prétendu que M. de Chateaubriand s'était décrit dans René ; [...] Cette fureur de reconnaître dans les ouvrages d'imagination les individus qu'on rencontre dans le monde, est pour ces ouvrages un véritable fléau.*

Benjamin Constant

215• *Quel homme suis-je ? Ai-je du bon sens ? Ai-je du bon sens avec profondeur ? Ai-je un esprit remarquable ? En vérité je n'en sais rien.*

Stendhal

216• *Comme tout le monde, ou presque, j'ai eu un père et une mère, un pot, un lit-cage, un hochet, et plus tard une bicyclette. [...] Comme tout le monde, j'ai tout oublié de mes premières années d'existence.*

Georges Perec

217• *Même à travers les manifestations à première vue les plus hétéroclites, l'on se retrouve toujours identique à soi-même. [...] Il y a une unité dans une vie.*

Michel Leiris

218• *Le moi est haïssable.*

Blaise Pascal

219• *Assez de cette putain de première personne.*

Samuel Beckett

220• *Mme Bovary, c'est moi.*

Gustave Flaubert

221• *Schopenhauer a peut-être raison : je suis les autres, n'importe quel homme est tous les hommes.*

Jorge Luis Borges

222• *Je est un autre.*

Arthur Rimbaud

VIII• Le comique, l'humour

223• *Il vaut mieux traiter du rire que des larmes,*
Parce que le rire est le propre de l'homme.

Rabelais

224• *L'affaire de la comédie est de représenter, en général, tous les défauts des hommes et principalement des hommes de notre siècle.*

Molière

225• *Rabelais, c'est la Gaule ; et qui dit la Gaule dit aussi la Grèce, car le sel attique et la bouffonnerie gauloise ont au fond la même saveur... Son éclat de rire énorme est un des gouffres de l'esprit.*

Victor Hugo

226• *Deux visages semblables, dont aucun ne fait rire en particulier, font rire ensemble par leur ressemblance.*

Blaise Pascal

227• *Le comique, ennemi des soupirs et des pleurs,*
N'admet point en ses vers de tragiques douleurs.

Nicolas Boileau

228• *La meilleure philosophie, relativement au monde, est d'allier, à son égard, le sarcasme de la gaieté avec l'indulgence du mépris.*

Chamfort

229• *– Qui t'a donné une philosophie aussi gaie ?*
– L'habitude du malheur. Je me presse de rire de tout, de peur d'être obligé d'en pleurer.

Beaumarchais

230• *L'ironie est la pudeur de l'humanité.*

Montesquieu

231• *Humour : lyrisme de la résignation.*

Georges Perros

232• *Il faut déjà passablement d'intelligence pour souffrir de n'en avoir pas davantage.*

André Gide

233• *Je mettrais la bonne humeur au premier rang des devoirs.*

Alain

• PROPOS D'HUMORISTES •

234• *Nous avons tous assez de force pour supporter les maux d'autrui.*

La Rochefoucauld

235• *Ôtez l'homme de la Société, vous l'isolez.*

Henry Monnier

236• *L'Académie ? Le commun des immortels !*

Jules Renard

237• *Si Dieu nous a faits à son image, nous le lui avons bien rendu.*

Voltaire

238• *Admire, mon fils, la Providence divine qui fait passer les fleuves justement au milieu des villes.*

Henry Monnier

239• *Désirer du bien à une femme, est-ce vouloir du mal à son mari ?*

Beaumarchais

240• *On ne sait jamais qui on épouse : le mariage vous l'apprendra.*

Jacques Chardonne

241• *J'ai fini par m'apercevoir que je n'étais plus le seul à partager la fidélité de mon épouse.*

Eugène Labiche

242• *Quand une femme s'en va avec son amant, elle n'abandonne pas son mari, elle le débarrasse d'une épouse infidèle.*

Sacha Guitry

243• *Mon pays est profondément divisé : d'un côté, il y a mes compatriotes, et de l'autre, moi.*

Louis Scutenaire

244• *La France compte trente-six millions de sujets sans compter les sujets de mécontentement.*

Henri de Rochefort

245• *Rome dut vaincre sans cesse de nouveaux ennemis. Les plus dangereux furent Pyrrhus, le roi des Pires, et surtout un général cartilagineux, Hannibal. Celui-ci était un borgne dont le père s'appelait Cannibal et qui faisait mourir ses ennemis dans des raffineries de cruauté.*

Jean-Charles

246• *Prolétaires de tous les pays, je n'ai pas de conseils à vous donner.*

Louis Scutenaire

247• *La guerre justifie l'existence des militaires. En les supprimant.*

Henri Jeanson

248• *La statistique a démontré que la mortalité dans l'armée augmente sensiblement en temps de guerre.*

Alphonse Allais

249• *Quand on tombe, on ne tombe jamais bien.*

Alexandre Dumas fils

250• *Les amis font toujours plaisir ; si ce n'est quand ils arrivent, c'est quand ils partent.*

Alphonse Karr

251• *J'aime bien les histoires qui finissent mal. Ce sont les plus belles car ce sont celles qui ressemblent le plus à la vie.*

Pierre Desproges

252• *L'éternité, c'est long, surtout vers la fin.*

Woody Allen

IX• Le tragique

253• *Médée : – Si un seul meurtre suffisait à ma vengeance*
Je n'en aurais commis aucun
Je vais égorger mes deux enfants
Mais cela ne suffira pas à ma douleur
Elle est trop grande
Si dans mon ventre peut se trouver encore quelque fœtus
Je m'ouvrirai le corps d'un coup d'épée
Et j'arracherai l'embryon

Sénèque

254• *Vous qui entrez, abandonnez toute espérance.*

Dante Alighieri

255• *Julie : – Que vouliez vous qu'il fît contre trois ?*
Le vieil Horace : – Qu'il mourût !

Pierre Corneille

256• *Tu m'aimes, je te hais ; tu me suis, je t'abhorre,*
Je mangerais ton cœur ; en veux-tu plus encore ?

Georges de Scudéry

257• *Phèdre : – Cruelle destinée !*
Par mon époux lui-même à Trézène amenée,
J'ai revu l'ennemi que j'avais éloigné :
Ma blessure trop vive aussitôt a saigné.
Ce n'est plus une ardeur dans mes veines cachée :
C'est Vénus tout entière à sa proie attachée.

Jean Racine

258• *D'un air plus grand encor la Poésie épique,*
Dans le vaste récit d'une longue action,
Se soutient par la fable et vit de fiction.

Nicolas Boileau

259• *Ô nuit désastreuse ! ô nuit effroyable, où retentit tout à coup, comme un éclat de tonnerre, cette étonnante nouvelle : Madame se meurt, Madame est morte !*

Bossuet

260• *Les hommes pensent que cet enfant qui vient de périr est tombé dans l'eau par hasard, que c'est par un même hasard que cette maison est brûlée ; mais il n'y a point de hasard : tout est épreuve, ou punition, ou récompense, ou prévoyance.*

Voltaire

261• *Quand les dieux veulent punir les hommes, ils exaucent leurs prières.*

Oscar Wilde

262• *Je suis une force qui va !*
Agent aveugle et sourd de mystères funèbres !
Une âme de malheur faite avec des ténèbres !

Victor Hugo

263• *Ma naissance fut le premier de mes malheurs.*

Jean-Jacques Rousseau

264• *L'homme est un apprenti, la douleur est son maître,*
Et nul ne se connaît tant qu'il n'a pas souffert.

Musset

265• *J'aime la majesté des souffrances humaines.*

Alfred de Vigny

266• *Je ne sais plus exactement. Il a dû me regarder et me reconnaître et sourire. J'ai hurlé que non, que je ne voulais pas voir. Je suis repartie, j'ai* *remonté l'escalier. Je hurlais, de cela je me souviens. La guerre sortait dans des hurlements.*

Marguerite Duras

267• *Oh ! quel farouche bruit font dans le crépuscule*
Les chênes qu'on abat pour le bûcher d'Hercule !
Les chevaux de la Mort se mettent à hennir
Et sont joyeux car l'âge éclatant va finir…

Victor Hugo

268• *J'écoute en frémissant chaque bûche qui tombe ;*
L'échafaud qu'on bâtit n'a pas d'écho plus sourd.
Mon esprit est pareil à la tour qui succombe
Sous les coups du bélier infatigable et lourd.

Charles Baudelaire

269• *C'était au beau milieu de notre tragédie*
Et pendant un long jour assise à son miroir
Elle peignait ses cheveux d'or je croyais voir
Ses patientes mains calmer un incendie
C'était au beau milieu de notre tragédie

Louis Aragon

270• *Vous criez « Tout est bien » d'une voix lamentable.*
L'univers vous dément, et votre propre cœur
Cent fois de votre esprit a réfuté l'erreur.
Éléments, animaux, humains, tout est en guerre.
Il le faut avouer, le mal est sur la terre.

Voltaire

271• *Près de la haie la petite lampe de la luciole broyée par la dent d'un scarabée s'éteint. Le chant de la rainette étouffée par une couleuvre devient un sanglot. Et le petit papillon ne revient plus battre contre les vitres de la fenêtre éclairée : les ailes douloureusement froissées il se contorsionne, prisonnier dans l'estomac d'une chauve-souris. Terreur,* *angoisse, déchirement, agonie, mort pour mille et mille autres créatures de Dieu, voilà ce qu'est le sommeil nocturne d'un jardin de trente mètres sur vingt.*

Dino Buzzati

272• *Le malheur n'a qu'un moyen de se surmonter lui-même qui est de se transfigurer par le tragique.*

Albert Camus

273• *Malheureux le peuple qui a besoin de héros !*

Bertolt Brecht

X• Les personnages

274• *Se croire un personnage est fort commun en France.*

Jean de La Fontaine

275• *Le Personnage est l'homme que les autres imaginent que nous sommes, ou avons été. Il peut être multiple.*

André Maurois

276• *Si cette femme était dans la vie, elle ne serait pas dans mes livres.*

Sacher Masoch

277• *Dans tout roman, l'image des personnages est un mixte entre les données objectives du texte et l'apport subjectif du lecteur. Il appartient, bien sûr, à chaque récit de jouer de cet équilibre.*

Vincent Jouve

278• *C'est l'héroïne dira-t-on, cela le montre trop clairement. Objection à juger plus tard. Il faut cependant bien montrer l'héroïne.*

Stendhal

279• *Au lieu d'expliquer longuement l'état d'esprit d'un personnage, les écrivains objectifs cherchent l'action ou le geste que cet état d'âme doit faire accomplir fatalement à cet homme dans une situation déterminée.*

Guy de Maupassant

280• *Quand la couleur est trouvée, au bout de huit heures, le personnage est devenu vivant.*

Jean Giono

281• *Je n'aime pas décrire physiquement [mes héroïnes]. Il faut qu'elles puissent se dessiner dans l'imagination du lecteur.*

Françoise Sagan

282• *Le « je » est le personnage littéraire le moins déterminé qui soit. Pour cette raison, il est le support privilégié de l'identification.*

Vincent Jouve

283• *Le récit à la première personne satisfait la curiosité légitime du lecteur et apaise le scrupule non moins légitime de l'auteur. En outre, il possède au moins une apparence d'expérience vécue, d'authenticité, qui tient le lecteur en respect et apaise sa méfiance.*

Nathalie Sarraute

284• *Si le personnage connaissait entièrement sa propre histoire, s'il n'avait pas d'objection à la raconter ou se la raconter, la première personne s'imposerait : il donnerait son témoignage.*

Michel Butor

285• *Je suis, vis-à-vis de mes personnages, comme un maître d'école sévère, mais qui a toutes les peines du monde à ne pas avoir une secrète préférence pour la mauvaise tête, pour le caractère violent, pour les natures rétives et pour ne pas les préférer dans son cœur aux enfants trop sages et qui ne réagissent pas. Plus nos personnages vivent et moins ils nous sont soumis.*

François Mauriac

286• *Voulez-vous que vos personnages vivent ? Faites qu'ils soient libres.*

Jean-Paul Sartre

287• *Que faire avec tous ces gens-là ? Je ne les cherchais point ; c'est en suivant Bernard et Olivier [personnages des* Faux-Monnayeurs*] que je les ai trouvés sur ma route. Tant pis pour moi ; désormais, je me dois à eux.*

André Gide

288• *On est déconcerté d'avoir à laisser ces gens avec qui l'on a vécu plusieurs mois. On les plaque et on se sent plaqué. On se retrouve seul.*

Françoise Sagan

289• *Si nous aimons une femme, c'est parce qu'elle est aimable. Nous voilà délivrés de Proust. Délivrés en même temps de la « vie intérieure ».*

Jean-Paul Sartre

290• *Lire un roman, c'est avoir conclu un accord tacite avec le romancier. [...] Qu'est-ce que le lecteur peut concéder au romancier ? D'être romancier, justement. C'est-à-dire un démiurge. D'être celui par qui les fables romanesques existent.*

Jean-Louis Curtis

291• *Ces personnages ne sont pas soutenus par leur propre vie : ce sont nos lecteurs, c'est l'inquiétude de ces cœurs vivants qui pénètre et gonfle ces fantômes, qui leur permet de flotter un instant dans les salons de province, autour de la lampe où une jeune femme s'attarde à lire et appuie le coupe-papier sur sa joue brûlante.*

François Mauriac

292• *L'auteur peut attirer la sympathie envers un personnage dont le caractère dans la vie réelle pourrait provoquer chez le lecteur un sentiment de répugnance et de dégoût. Le rapport émotionnel envers le héros relève de la construction esthétique de l'œuvre et ce n'est que dans les formes primitives qu'il coïncide obligatoirement avec le code traditionnel de la morale et de la vie sociale.*

Boris Tomachevski

293• *Les personnages n'agissent pas pour imiter leur caractère, mais ils reçoivent leur caractère de surcroît, en raison de leur action.*

Aristote

294• *Le personnage n'a pas d'essence psychologique mais est définissable d'abord par ses actions.*

Daniel Fabre

295• *Ce qui change, ce sont les noms (et en même temps les attributs) des personnages ; ce qui ne change pas, ce sont leurs actions, ou leurs fonctions.*

Vladimir Propp

296• *Dans la littérature occidentale classique, le personnage nous semble jouer un rôle de premier ordre et c'est à partir de lui que s'organisent les autres éléments du récit.*

Tzvetan Todorov

297• *Tout lecteur non seulement constitue à partir des signes proposés une représentation, mais entreprend de récrire ce qu'il lit […] : toute la population de notre pays est donc évidemment romancière.*

Michel Butor

298• *Le destin du monde a cessé, pour nous, de s'identifier à l'ascension ou à la chute de quelques hommes, de quelques familles. Avoir un nom, c'était très important sans doute au temps de la bourgeoisie balzacienne. Le roman paraît chanceler, ayant perdu son meilleur soutien d'autrefois, le héros.*

Alain Robbe-Grillet

299• *[On voit] le personnage de roman, privé de ce double soutien, la foi en lui du romancier et du lecteur, qui le faisait tenir debout, solidement d'aplomb, portant sur ses larges épaules tout le poids de l'histoire, vaciller et se défaire.*

Nathalie Sarraute

300• *Nous vivons trop dans les livres et pas assez dans la nature, et nous ressemblons à ce niais de Pline le Jeune qui étudiait un orateur grec pendant que sous ses yeux le Vésuve engloutissait cinq villes sous la cendre.*

Anatole France

DEUXIÈME PARTIE

● *Pourquoi écrire ?*

I• Le travail de l'écrivain

301• *Pas un jour sans une ligne.*

Apelle
(d'après Pline)

302• *J'ai construit un monument plus durable que l'airain.*

Horace

303• *Les ouvrages communs durent quelques années ;*
Ce que Malherbe écrit dure éternellement.

François de Malherbe

304• *Tout passe. – L'art robuste*
Seul a l'éternité.
Le buste
Survit à la cité.

Théophile Gautier

305• *Qui veut voler par les mains et bouches des hommes doit longuement demeurer en sa chambre ; et qui désire vivre en la mémoire de la postérité, doit, comme mort en soi-même, suer et trembler maintes fois.*

Joachim Du Bellay

306• *Tu seras laborieux à corriger et limer tes vers et ne leur pardonneras non plus qu'un bon jardinier à son ente, quand il la voit chargée de branches inutiles ou de bien peu de profit.*

Pierre de Ronsard

307• *Bref, l'art si vivement exprime la nature*
Que le peintre se perd en sa propre peinture.

Du Bartas

308• *Travaillez, prenez de la peine :*
C'est le fonds qui manque le moins.

Jean de La Fontaine

309• *Les choses répétées plaisent.* (Bis repetita placent.)

D'après Horace

310• *C'est à ce métier-là [magistrat] que les biens on amasse,*
Non à celui des vers, ou moins y a d'acquêt
Qu'au métier d'un bouffon ou celui d'un naquet.
Fi du plaisir, Baïf, qui sans profit se passe !

Joachim Du Bellay

311• *Soyez plutôt maçon, si c'est votre talent,*
Ouvrier estimé dans un art nécessaire,
Qu'écrivain du commun et poète vulgaire.

Nicolas Boileau

312• *Quand on voit le style naturel, on est tout étonné et ravi, car on s'attendait de voir un auteur, et on trouve un homme.*

Blaise Pascal

313• *C'est un métier que de faire un livre, comme de faire une pendule : il faut plus que de l'esprit pour être auteur.*

Jean de La Bruyère

314• *J'aurais été soldat, si je n'étais poète.*

Victor Hugo

315• *Le travail constant est la loi de l'art comme celle de la vie.*

Honoré de Balzac

316• *Et les affres de la phrase commenceront, les supplices de l'assonance, les tortures de la période ! Je suerai et me retournerai [...] sur mes métaphores.*

Gustave Flaubert

317• *Flaubert à propos des premiers écrits de Maupassant : « Ce que vous m'avez apporté prouve une certaine intelligence, mais n'oubliez point ceci, jeune homme, que le talent — suivant le mot de Chateaubriand — n'est qu'une longue patience. Travaillez. »*

Guy de Maupassant

318• *Il n'y a qu'un [principe] : tout sacrifier à l'Art. La vie doit être considérée par [l'artiste] comme un moyen, rien de plus, et la première personne dont il doit se foutre, c'est de lui-même.*

Gustave Flaubert

319• *Le talent sans génie est peu de chose. Le génie sans talent n'est rien.*

Paul Valéry

320• *Faire aisément ce qui est difficile aux autres, voilà le talent ; faire ce qui est impossible au talent, voilà le génie.*

Henri Frédéric Amiel

321• *On n'écrit toujours qu'à deux doigts de se taire.*

Georges Perros

322• *L'artiste ne doit pas plus apparaître dans son œuvre que Dieu dans la nature. L'homme n'est rien, l'œuvre, tout !*

Gustave Flaubert

323• *Un auteur doit être dans un livre comme la police dans la ville : partout et nulle part.*

Edmond et Jules de Goncourt

324• *Révéler l'art et dissimuler l'artiste, tel est le but de l'art.*

Oscar Wilde

325• *Je sais fort bien que je ne suis qu'une machine à faire des livres.*

Chateaubriand

326• *Ce travail de l'artiste, de chercher à apercevoir sous de la matière, sous de l'expérience, sous des mots quelque chose de différent, c'est exactement le travail inverse de celui que, à chaque minute, quand nous vivons détourné de nous-même, l'amour-propre, la passion, l'intelligence, et l'habitude aussi accomplissent en nous, quand elles amassent au-dessus de nos impressions vraies, pour nous les cacher entièrement, les nomenclatures, les buts pratiques que nous appelons faussement la vie.*

Marcel Proust

327• *L'appétit d'écrire enveloppe un refus de vivre.*

Jean-Paul Sartre

328• *Bon ouvrier, c'est précisément ce que je veux être. Je me prends pour un artisan. Un simple artisan.*

Jean Giono

329• *J'ai besoin d'entendre une voix qui dit ce que je suis en train d'écrire, alors le moteur commence à fonctionner, sinon ça n'avance pas. J'ai aussi besoin d'une idée forte. Je peux attendre trois semaines ou trois mois, il y a des pensées qui flottent et je rencontre l'idée que j'attendais, je le sais immédiatement.*

José Saramago

330• *Il faut écrire pour soi, c'est ainsi que l'on peut arriver aux autres.*

Eugène Ionesco

331• *Il y a assez souvent pour certaines personnes un besoin de travail alors que moi je suis un paresseux, je n'aime que mon plaisir, écrire c'est mon plaisir. La création est cependant pour certains autres un travail assidu, appliqué.*

Jean Giono

332• *Quel grand artiste périt avec moi !*

Néron
(d'après Suétone)

333• *Ah ! Quel talent je vais avoir demain.*

Hector Berlioz

334• *On ne fait vraiment l'éloge d'un artiste que quand on parle assez de son œuvre pour oublier de louer sa personne.*

Lessing

335• *L'art est le rêve de l'humanité, un rêve de lumière, de liberté, de force sereine.*

Romain Rolland

II• L'inspiration

336• *Il n'y a point de génie sans un grain de folie.*

Aristote

337• *La poésie, comme les autres arts, est un don venant de la faveur céleste.*

Jacques Peletier

338• *La fureur poétique procède des Muses. Aussi n'entreprenne témérairement chacun de heurter aux portes de Poésie ; car en vain s'en approche et fait ses vers misérablement froids, celui auquel les Muses ne font grâce de leur fureur et auquel le dieu ne se montre propice et favorable.*

Pontus de Tyard

339• *Le poète ne doit avoir qu'un modèle, la nature ; qu'un guide, la vérité. Il ne doit pas écrire avec ce qui a été écrit, mais avec son âme et avec son cœur.*

Victor Hugo

340• *Faire une perle d'une larme :*
Du poète ici bas voilà la passion,
Voilà son bien, sa vie et son ambition.

Alfred de Musset

341• *Les choses les plus belles sont celles que souffle la folie et qu'écrit la raison.*

André Gide

342• *Si, par la lecture des bons livres, je me suis imprimé quelques traits en la fantaisie, qui après, venant à exposer mes petites conceptions selon les occasions qui m'en sont données, me coulent beaucoup plus facilement en la plume qu'ils ne me reviennent en la mémoire, doit-on pour cette raison les appeler pièces rapportées ?*

Joachim Du Bellay

343• *Qu'on ne dise pas que je n'ai rien dit de nouveau : la disposition des matières est nouvelle ; quand on joue à la paume, c'est une même balle dont joue l'un et l'autre, mais l'un la place mieux.*

Blaise Pascal

344• *Qu'est-ce qu'une pensée neuve, brillante, extraordinaire ? Ce n'est point, comme se le persuadent les ignorants, une pensée que personne n'a jamais eue, ni dû avoir. C'est au contraire une pensée qui a dû venir à tout le monde, et que quelqu'un s'avise le premier d'exprimer. Un bon mot n'est un bon mot qu'en ce qu'il dit une chose que chacun pensait, et qu'il la dit d'une manière vive, fine et nouvelle.*

Nicolas Boileau

345• *Je n'avais pas quinze ans que les monts et les bois*
Et les eaux me plaisaient plus que la Cour des Rois.

Pierre de Ronsard

346• *Défions-nous du peuple, du bon sens, du cœur, de l'inspiration et de l'évidence.*

Charles Baudelaire

347• *Ah ! Frappe-toi le cœur, c'est là qu'est le génie.*

Alfred de Musset

348• *Les passions sont les seuls orateurs qui persuadent toujours. Elles sont comme un art de la nature dont les règles sont infaillibles ; et l'homme le plus simple qui a de la passion persuade mieux que le plus éloquent qui n'en a point.*

La Rochefoucauld

349• *On ne peut rien dire qui n'ait été dit avant nous.*

Térence

350• *Il arrive un moment où on n'imite plus que soi.*

Emil Cioran

351• *Le talent a-t-il donc besoin de passions ? Oui, il a besoin de beaucoup de passions réprimées.*

Joseph Joubert

352• *L'art est long, la vie est courte.* (Ars longa, vita brevis.)

Aphorisme d'Hippocrate
(traduction latine)

353• *La vie est courte et l'espérance est longue, tout le bonheur me fuit et le malheur s'attarde.*

Luis de Gongora

354• *Méphistophélès à Faust :*
– L'art est long et la vie est brève,
Cela devrait suffire à vous persuader.

Goethe

355• *Pour soulever un poids si lourd,*
Sisyphe, il faudrait ton courage !
Bien qu'on ait du cœur à l'ouvrage,
L'Art est long et le Temps est court.

Charles Baudelaire

356• *Car si l'art est long et la vie courte, on peut dire en revanche que, si l'inspiration est courte, les sentiments qu'elle doit peindre ne sont pas beaucoup plus longs.*

Marcel Proust

357• *Les dieux gracieusement nous donnent* pour rien *tel premier vers ; mais c'est à nous de façonner le second, qui doit consonner avec* *l'autre, et ne pas être indigne de son aîné surnaturel. Ce n'est pas de trop de toutes les ressources de l'expérience et de l'esprit pour le rendre comparable au vers qui fut un don.*

Paul Valéry

358• *Je trouve d'abord le titre, avant de m'intéresser au roman et à l'histoire ; et c'est même si vrai que, si j'écris l'histoire avant d'avoir trouvé le titre, elle avorte généralement. Il faut un titre, parce que le titre est une sorte de drapeau vers lequel on se dirige, ce but qu'il faut atteindre. Écrire, c'est expliquer le titre.*

Jean Giono

359• *Une technique romanesque renvoie toujours à la métaphysique du romancier.*

Jean-Paul Sartre

360• *Autant que les dons importent les manques : comment on ruse avec les manques. Au fond de toute originalité, il y a un défaut.*

Jacques Chardonne

III• Le style

361• *La première qualité du style, c'est la clarté.*

Aristote

362• *Pour une chose bien conçue les mots s'offriront et couleront d'eux-mêmes.*

Horace

363• *Mais dans l'art dangereux de rimer et d'écrire,*
Il n'est pas de degré du médiocre au pire.

Nicolas Boileau

364• *L'éloquence fait injure aux choses, qui nous détourne à soi. Comme aux accoutrements, c'est pusillanimité de se vouloir marquer par quelque façon particulière et inusitée : de même au langage, la recherche des phrases nouvelles et des mots peu connus vient d'une ambition scolastique et puérile. Puissé-je ne me servir que de ceux qui servent aux Halles à Paris !*

Montaigne

365• *Quant aux comparaisons [...], il faut les bien mettre et les bien arranger aux lieux propres de ta poésie ; car ce sont les nerfs et tendons des Muses, quand elles sont placées bien à propos, et servantes à la matière ; sinon elles sont du tout ridicules et dignes du fouet.*

Pierre de Ronsard

366• *La vraie éloquence se moque de l'éloquence, la vraie morale se moque de la morale ; c'est-à-dire que la morale du jugement se moque de la morale de l'esprit qui est sans règles.*

Blaise Pascal

367• *Hâtez-vous lentement.* (Festina lente.)

Suétone

368• *Hâtez-vous lentement, et, sans perdre courage,*
Vingt fois sur le métier remettez votre ouvrage :
Polissez-le sans cesse et le repolissez ;
Ajoutez quelquefois, et souvent effacez.

Nicolas Boileau

369• *Rien ne sert de courir ; il faut partir à point.*

Jean de La Fontaine

370• *Il n'est point de serpent, ni de monstre odieux,*
Qui, par l'art imité, ne puisse plaire aux yeux :
D'un pinceau délicat l'artifice agréable
Du plus affreux objet fait un objet aimable.

Nicolas Boileau

371• *Ceux qui font les antithèses en forçant les mots sont comme ceux qui font de fausses fenêtres pour la symétrie : leur règle n'est pas de parler juste, mais de faire des figures justes.*

Blaise Pascal

372• *Quelle que soit la chose qu'on veut dire, il n'y a qu'un mot pour l'exprimer, qu'un verbe pour l'animer et qu'un adjectif pour la qualifier. Il faut donc chercher, jusqu'à ce qu'on les ait découverts, ce mot, ce verbe et cet adjectif, et ne jamais se contenter de l'à-peu-près, ne jamais avoir recours à des supercheries, même heureuses, à des clowneries de langage pour éviter la difficulté.*

Guy de Maupassant

373• *Les meilleurs écrivains n'emploient pas d'artifices ; en tout cas, leurs artifices sont secrets.*

Jorge Luis Borges

374• *J'ai commencé à écrire avec ce qui est devenu ma façon personnelle de raconter, cette fusion du style direct et indirect, cette abolition de la ponctuation réduite au point et à la virgule. Je crois que ce style ne serait pas né si le livre n'était pas parti de quelque chose que j'avais écouté. Il fallait trouver un ton, une façon de transcrire le rythme, la musique de la parole qu'on dit, pas de celle qu'on écrit.*

José Saramago

375• *Le style, c'est l'homme.*

Denys d'Halicarnasse

376• *C'est faute de plan, c'est pour ne pas avoir assez réfléchi sur son objet, qu'un homme d'esprit se trouve embarrassé, et ne sait par où commencer à écrire. Le style est l'homme même.*

Buffon

377• *Quant aux épithètes, je veux que tu en uses de sorte que sans eux ce que tu diras serait beaucoup moindre.*

Pierre de Ronsard

378• *Ne flattez pas le culte d'adjectifs tels que indescriptible, inénarrable, rutilant, incomparable, colossal, qui mentent sans vergogne aux substantifs qu'ils défigurent.*

Lautréamont

379• *Le style est une qualité naturelle comme le son de la voix.*

Paul Claudel

380• *Le style est ceci : ajouter à une pensée donnée toutes les circonstances propres à produire tout l'effet que doit produire cette pensée.*

Stendhal

381• *Le style, pour l'écrivain, aussi bien que la couleur pour le peintre, est une question non de technique mais de vision.*

Marcel Proust

382• *Il se peut que l'histoire universelle soit celle de diverses intonations, données à quelques métaphores.*

Jorge Luis Borges

383• *Il n'existe pas de livres moraux ou immoraux, les livres sont bien écrits ou mal écrits, c'est tout !*

Oscar Wilde

384• *Un roman, c'est d'abord une œuvre qui détient un élément si possible captivant, distrayant et son auteur est jusqu'à un certain degré un séducteur. Grâce au style, au langage, au rythme, à la construction qui sont les siens, l'écrivain invite le lecteur à accepter d'être pris au piège, de souscrire à son dessein.*

Heinrich Böll

385• *Je me demande si je ne suis pas en train de jouer avec les mots. Et si les mots étaient faits pour ça ?*

Boris Vian

IV• L'engagement

386• *L'homme engage par ses choix l'humanité toute entière.*

Jean-Paul Sartre

387• *Je me révolte, donc nous sommes.*

Albert Camus

388• *On écrit pour raconter, non pour prouver.*

Quintilien

389• *La philosophie enseigne à faire et non à dire.*

Sénèque

390• *Autant d'hommes, autant d'avis.*

Térence

391• *Croyant n'avoir rien fait tant qu'il restait quelque chose à faire.*

Lucain

392• *Un bon poète n'est pas plus utile à l'État qu'un bon joueur de quilles.*

François de Malherbe

393• *L'art pour l'art signifie, pour les adeptes, un travail dégagé de toute préoccupation autre que celle du beau en lui-même.*

Théophile Gautier

394• *La théorie de l'art pour l'art n'est qu'une reconnaissance aveugle de la solitude de l'artiste dans la société bourgeoise.*

Paul Nizan

395• *Ô temps ! ô mœurs !* (O tempora ! o mores !)

Cicéron

396• *Époque (La nôtre). Tonner contre elle. Se plaindre de ce qu'elle n'est pas poétique. L'appeler époque de transition, de décadence.*

Gustave Flaubert

397• *Je crois qu'il n'y a guère eu d'auteurs qui aient été contents de leur siècle.*

Vauvenargues

398• *Ceux qui veulent transformer le monde sont ceux qui ne sont pas contents de leur propre personnalité et qui jettent leur mécontentement d'eux-mêmes sur le monde entier.*

Stefan Zweig

399• *Malheur à qui dit à ses frères*
Je retourne dans le désert !
Honte au penseur qui se mutile.
Et s'en va, chanteur inutile
Par la porte de la Cité.

Victor Hugo

400• *Écrit-on pour soi ou pour les autres ? Question stupide : on écrit pour soi, pour les autres, et, en plus,* on ne sait pas pour qui et pourquoi.

Edgar Morin

401• *Être un homme utile m'a paru toujours quelque chose de bien hideux.*

Charles Baudelaire

402• *L'homme n'est rien d'autre que la série de ses actes.*

Friedrich Hegel

403• *L'existence précède l'essence.*

Jean-Paul Sartre

404• *Les philosophes n'ont fait qu'interpréter diversement le monde ; il s'agit maintenant de le transformer.*

Karl Marx

405• *Le mot que les intellectuels d'aujourd'hui ont sans cesse à la bouche, c'est qu'ils sont des sauveurs. Que ce soit en restaurant des valeurs d'ordre ou en préparant la révolution, ils viennent tous « sauver le monde ».*

Julien Benda

406• *Tout écrit possède un sens, même si ce sens est fort loin de celui que l'auteur avait rêvé d'y mettre.*

Jean-Paul Sartre

407• *Un livre, c'est quelqu'un. Ne vous y fiez pas. Un livre est un engrenage. Prenez garde à ces lignes noires sur du papier blanc ; ce sont des forces. […] Les idées sont un rouage.*

Victor Hugo

408• *Toute littérature est une propagande.*

Paul Nizan

409• *Depuis Voltaire, l'histoire s'est enfermée dans une difficulté qui déchire toute littérature engagée, et que Voltaire n'a pas connue : pas de liberté pour les ennemis de la liberté : personne ne peut plus donner de leçon de tolérance à personne.*

Roland Barthes

410• *S'il faut absolument que l'art ou le théâtre serve à quelque chose, je dirai qu'il devrait servir à apprendre aux gens qu'il y a des activités qui ne servent à rien et qu'il est indispensable qu'il y en ait.*

Eugène Ionesco

411• *À mon avis, le roman doit être totalement désengagé. Il doit simplement raconter une histoire. Il ne doit pas être symbolique et ne doit pas transporter de message.*

Jean Giono

412• *Je tiens Flaubert et Goncourt pour responsables de la répression qui a suivi la commune parce qu'ils n'ont pas écrit une seule ligne pour l'empêcher.*

Jean-Paul Sartre

413• *Et c'est assez pour le poète d'être la mauvaise conscience de son temps.*

Saint-John Perse

414• *Toute discussion est le commencement d'une guerre.*

Alain

415• *Que démontre l'histoire des idées, si ce n'est que la production intellectuelle se transforme avec la production matérielle ? Les idées dominantes d'une époque n'ont jamais été que les idées de la classe dominante.*

Karl Marx

416• *L'idéologie représente le rapport imaginaire des individu à leurs conditions réelles d'existence.*

Louis Althusser

417• *L'histoire de l'humanité est un mouvement constant du règne de la nécessité vers le règne de la liberté.*

Mao Tsê-Tung

V• L'humanisme

418• *Le pur humanisme, c'est-à-dire le culte de tout ce qui est de l'homme.*

Ernest Renan

419• *Les plus belles vies sont, à mon gré, celles qui se rangent au modèle commun et humain, avec ordre, mais sans miracle et sans extravagance.*

Montaigne

420• *Fais ce que voudras.*

François Rabelais
(devise de l'abbaye de Thélème)

421• *Contrairement aux mœurs de presque toutes les nations, rien de si honteux en Utopie que de chercher la gloire sur les champs de bataille.*

Thomas More

422• *[Je parlerai] de tout ce que l'on peut savoir… et même d'autres choses encore.* (De omni re scibili, et quibusdam aliis.)

Pic de La Mirandole
(modifié par un ajout vraisemblablement dû à Voltaire)

423• *Maintenant toutes disciplines sont restituées, les langues instaurées : grecque, sans laquelle c'est honte qu'une personne se dise savant ; hébraïque, chaldaïque, latine. Les impressions [l'imprimerie] tant élégantes et correctes en usance, qui ont été inventées de mon âge par inspiration divine, comme, à contre-fil, l'artillerie par suggestion* *diabolique. Tout le monde est plein de gens savants, de précepteurs très doctes, de libraires très amples.*

François Rabelais

424• *Il n'y a rien de barbare et de sauvage en cette nation, sinon que chacun appelle barbarie ce qui n'est pas de son usage.*

Montaigne

425• *Le barbare, c'est d'abord l'homme qui croit à la barbarie.*

Claude Lévi-Strauss

426• *Ce que les hommes appellent civilisation, c'est l'état actuel des mœurs et ce qu'ils appellent barbarie, ce sont les états antérieurs.*

Anatole France

427• *Dans ma civilisation, celui qui diffère de moi, loin de me léser, m'enrichit.*

Antoine de Saint-Exupéry

428• *Est destructrice toute attitude de compétition, qui nécessite de regarder « l'autre » comme un adversaire, ou du moins comme un danger.*

Albert Jacquard

429• *Que s'est-il donc passé pour que la notion d'humanité universelle soit tombée dans un oubli aussi massif et aussi radical au cœur même de la civilisation où elle avait atteint son développement le plus spectaculaire ?*

Alain Finkielkraut

430• *Pour faire de grandes choses, il ne faut pas être un si grand génie : il ne faut pas être au-dessus de hommes ; il faut être avec eux.*

Montesquieu

431• *Il vaut mieux hasarder de sauver un coupable que de condamner un innocent.*

Voltaire

432• *Là où règne la violence, il n'est de recours qu'en la violence ; là où se trouvent les hommes, seuls les hommes peuvent porter secours.*

Bertolt Brecht

433• *Car enfin qu'est-ce que l'homme dans la nature ? Un néant à l'égard de l'infini, un tout à l'égard du néant, un milieu entre rien et tout.*

Blaise Pascal

434• *L'homme tel que le conçoit l'existentialisme, s'il n'est pas définissable, c'est qu'il n'est d'abord rien. Il ne sera qu'ensuite et il sera tel qu'il se fait [...]. Tel est le premier principe de l'existentialisme.*

Jean-Paul Sartre

435• *Le bonheur est une idée neuve en Europe.*

Louis de Saint-Just

436• *Ce sont les idées qui mènent le monde.*

Ernest Renan

437• *L'humanisme, ce n'est pas dire : « Ce que j'ai fait, aucun animal ne l'aurait fait » [allusion au mot de Guillaumin, abîmé dans la cordillère des Andes], c'est dire : « J'ai refusé ce que voulait en moi la bête, et suis devenu homme sans le secours des dieux. »*

André Malraux

438• *Tous les hommes ont droit à recevoir le vrai, et le vrai a droit à parvenir jusqu'à tous.*

Jean Rostand

439• *Être obligé de ménager les gens, quelle école supérieure d'intelligence !*

Pierre Reverdy

440• *Seuls peuvent s'élever contre les fanatiques du nationalisme d'autres fanatiques : nous sommes empoisonnés par notre humanisme.*

Stefan Zweig

441• *Qu'est-ce que la tolérance ? C'est l'apanage de l'humanité. Nous sommes tous pétris de faiblesses et d'erreurs ; pardonnons-nous réciproquement nos sottises, c'est la première loi de nature.*

Voltaire

442• *Au-delà d'une certaine perfection qui n'est déjà plus humaine, l'humanisme devient une sorte de science abstraite et cruelle de l'homme qui ne suggère que l'inhumain. Le siècle de Louis XIV débouche dans celui de Voltaire, qui s'achève au chant du « Ça ira ».*

Georges Bernanos

443• *L'art est un anti-destin.*

André Malraux

444• *J'avais été un homme qui les vaut tous et que vaut n'importe qui.*

Jean-Paul Sartre

445• *L'Humanité, nation définitive, est dès à présent entrevue par les penseurs, ces contemplateurs des pénombres ; mais ce à quoi assiste le dix-neuvième siècle, c'est à la formation de l'Europe. [...] Le continent fraternel, tel est l'avenir. Qu'on en prenne son parti, cet immense bonheur est inévitable.*

Victor Hugo

446• *La coexistence dans les sociétés actuelles se construit sur de nouvelles bases. Ces bases sont, on peut sans peine le démontrer, résolument post-littéraires, post-épistolaires et, par conséquent, post-humanistes. [...] La littérature, la correspondance et l'idéologie humaniste n'influencent plus aujourd'hui que marginalement les méga-sociétés modernes dans la production du lien culturel.*

Peter Sloterdijk

VI• Le classicisme

447• *Le classicisme tend tout entier vers la litote.*

André Gide

448• *L'éloignement augmente le prestige.*

Tacite

449• *Enfin Malherbe vint, et, le premier en France,*
Fit sentir en ses vers une juste cadence,
D'un mot mis en sa place enseigna le pouvoir,
Et réduisit la muse aux règles du devoir.

Nicolas Boileau

450• *Une morale nue apporte de l'ennui ;*
Le conte fait passer le précepte avec lui.
En ces sortes de feinte il faut instruire et plaire,
Et conter pour conter me semble peu d'affaire.

Jean de La Fontaine

451• *Il châtie les mœurs par le rire.* (Castigat ridendo mores.)

Molière
(devise de l'Illustre Théâtre)

452• *La raison pour marcher n'a souvent qu'une voie.*

Nicolas Boileau

453• *Aux dépens du bon sens gardez de plaisanter :*
Jamais de la nature il ne faut s'écarter.

Nicolas Boileau

454• *Il n'y a rien de si conforme à la raison que ce désaveu de la raison.*

Blaise Pascal

455• *La parfaite raison fuit toute extrémité*
Et veut que l'on soit sage avec sobriété

Molière

456• *Rien n'est beau que le vrai, le vrai seul est aimable.*

Nicolas Boileau

457• *Les précieuses sont fortement persuadées qu'une pensée ne vaut rien lorsqu'elle est entendue de tout le monde, et c'est une de leurs maximes de dire qu'il faut nécessairement qu'une précieuse parle autrement que le peuple, afin que ses pensées ne soient entendues que de ceux qui ont des clartés au-dessus du vulgaire.*

Somaize

458• *Les véritables précieuses auraient tort de se piquer lorsqu'on joue les ridicules qui les imitent mal.*

Molière

459• *Le purisme nuit au naturel.*

Georges Duhamel

460• *Tout ce qu'approche l'usage et qui plaît au goût du public devient légitime.*

Alexandre Hardy

461• *Le vrai honnête homme est celui qui ne se pique de rien.*

La Rochefoucauld

462• *L'honnête homme est un homme poli et qui sait vivre.*

Bussy-Rabutin

463• *Serait-il à propos et de la bienséance*
De dire à mille gens tout ce que d'eux l'on pense ?

Molière

464• *La politesse n'inspire pas toujours la bonté, l'équité, la complaisance, la gratitude ; elle en donne du moins les apparences, et fait paraître l'homme au dehors comme il devrait être intérieurement.*

Jean de La Bruyère

465• *Puisqu'on ne peut être universel et savoir tout ce qu'on peut savoir sur tout, il faut savoir un peu de tout. Car il est bien plus beau de savoir quelque chose de tout que de savoir tout d'une chose.*

Blaise Pascal

466• *Le bon sens est la chose du monde la mieux partagée, car chacun pense en être si bien pourvu que ceux même qui sont les plus difficiles à contenter en toute autre chose, n'ont point coutume d'en désirer plus qu'ils n'en n'ont.*

René Descartes

467• *Il n'est pour voir que l'œil du Maître.*
Quant à moi, j'y mettrais encore l'œil de l'amant.

Jean de La Fontaine

468• *La bonne grâce est au corps ce que le bon sens est à l'esprit.*

La Rochefoucauld

469• *C'était un temps digne de l'attention des temps à venir que celui où les héros de Corneille et de Racine, les personnages de Molière, les symphonies de Lulli et (puisqu'il ne s'agit ici que des arts) les voix des Bossuet et des Bourdaloue se faisaient entendre à Louis XIV, à Madame, si célèbre par son goût, à un Condé, à un Turenne, à un Colbert, et à cette foule d'hommes supérieurs qui parurent en tout genre. Ce temps ne se retrouvera plus, où un duc de La Rochefoucauld, l'auteur des Maximes, au sortir de la conversation d'un Pascal ou d'un Arnaud, allait au théâtre de Corneille.*

Voltaire

470• *[Le classicisme repose] sur trois bases primordiales : le rationalisme, confiance en l'intellect comme instrument de connaissance adapté au* *réel ; le christianisme, qui limite le rationalisme dans le domaine métaphysique et se concilie tant bien que mal avec lui ; l'humanisme gréco-latin, qui double la culture chrétienne et fournit des modèles qui restreignent l'influence du rationalisme en littérature.*

Daniel Madalénat

471• *La perfection classique implique, non point certes une suppression de l'individu (peu s'en faut que je ne dise : au contraire), mais la soumission de l'individu, sa subordination, et celle du mot dans la phrase, de la phrase dans la page, de la page dans l'œuvre. C'est la mise en évidence d'une hiérarchie.*

André Gide

VII• Le romantisme

472• *Le temps fuit irréparable.*

Virgile

473• *Ô Virgile ! ô poète ! ô mon maître divin !*

Victor Hugo

474• *Les palais des rois sont devenus les repaires des fauves ; les troupeaux parquent au seuil des temples, et les reptiles immondes habitent les sanctuaires des dieux ! Ah ! comment s'est éclipsée tant de gloire ? Comment se sont anéantis tant de travaux ?... Ainsi donc périssent les ouvrages des hommes ! Ainsi s'évanouissent les empires et les nations !*

Volney

475• *Levez-vous vite, orages désirés, qui devez emporter René dans les espaces d'une autre vie ! Ainsi disant, je marchais à grands pas, le visage enflammé, le vent sifflant dans ma chevelure, ne sentant ni pluie ni frimas, enchanté, tourmenté, et comme possédé par le démon de mon cœur.*

Chateaubriand

476• *O temps, suspends ton vol ! et vous, heures propices,*
Suspendez votre cours !
Laissez-nous savourer les rapides délices
Des plus beaux de nos jours ! [...]
L'homme n'a point de port, le temps n'a point de rive ;
Il coule, et nous passons.

Alphonse de Lamartine

477• *Le romantisme, c'est l'irruption de la météo dans la littérature. Chaque poème est un bulletin.*

Jean d'Ormesson

478• *La gloire vient tard à des cendres.*

Martial

479• *La gloire, astre tardif, lune sereine et sombre*
Qui se lève sur les tombeaux.

Victor Hugo

480• *La gloire n'est que le deuil éclatant du bonheur.*

Mme de Staël

481• *Un artiste vit comme il veut, ou… comme il peut.*

Honoré de Balzac

482• *Je suis venu trop tard dans un monde trop vieux.*

Alfred de Musset

483• *Nulle part le bonheur ne m'attend.*

Alphonse de Lamartine

484• *Rien ne nous rend si grands qu'une grande douleur.*

Alfred de Musset

485• *Les plus grands cœurs, hélas ! ont les plus grandes peines.*

Théophile Gautier

486• *Je suis le paria de la famille humaine.*

Jules Laforgue

487• *Les écrivains ont mis la langue en liberté,*
Et, grâce à ces bandits, grâce à ces terroristes,
Le vrai, chassant l'essaim des pédagogues tristes,
L'imagination, tapageuse aux cent voix,
Qui casse des carreaux dans l'esprit des bourgeois ;

La poésie au front triple, qui rit, soupire
Et chante ; raille et croît.

Victor Hugo

488• *Il suffirait évidemment de s'entendre sur le mot romantique. Appelons romantique Hugo et la discussion est close.*

Jean Giraudoux

489• *La littérature romantique est la seule qui puisse exister et se vivifier de nouveau ; elle exprime notre religion ; elle rappelle notre histoire.*

Mme de Staël

490• *Le romanesque séduit les imaginations vives et fleuries ; le romantique suffit seul aux âmes profondes, à la véritable sensibilité.*

Senancour

491• *L'art de dépayser d'une manière agréable, l'art de rendre un objet étranger, et pourtant connu et attirant, voilà ce qu'est la poétique romantique.*

Novalis

492• *Le romanticisme est l'art de présenter aux peuples les œuvres littéraires qui, dans l'état actuel de leurs habitudes et de leurs croyances, sont susceptibles de leur donner le plus de plaisir possible.*

Stendhal

493• *Qui dit romantisme dit art moderne, — c'est-à-dire intimité, spiritualité, couleur, aspiration vers l'infini, exprimées par tous les moyens que contiennent les arts.*

Charles Baudelaire

494• *Les éléments constitutifs principaux [du romantisme] sont :*
– la sensibilité,
– le sentiment de la nature,
– la nostalgie, la mélancolie, le mal de vivre.

Gérard Gengembre

495• *Les symptômes du mal de vivre sont divers : spleen, inquiétude, mélancolie, vapeurs. Tous se rapportent à la même prise de conscience, à la découverte du vide et de l'insécurité à l'intérieur de l'être. Le néant se révèle par une double expérience : les marécages de l'ennui et les menaces, explicites ou confuses, venant du monde.*

Robert Mauzi

496• *Le héros romantique nous apparaît comme un homme qui tente d'échapper aux données « objectives » des sens et de la connaissance rationnelle, pour se livrer éperdument aux inspirations qui surgissent des abîmes inconscients.*

Albert Béguin

497• *Un seul être vous manque, et tout est dépeuplé.*

Alphonse de Lamartine

498• *Seul le silence est grand, tout le reste est faiblesse.*

Alfred de Vigny

499• *Les romantiques avaient cru que l'art était surtout dans le laid. L'amour errant leur a semblé plus poétique que la famille, et le vol que le travail, et le bagne que l'atelier.*

Jules Michelet

500• *Poète, prends ton luth et me donne un baiser.*

Alfred de Musset

501• *La beauté n'est que la promesse du bonheur.*

Stendhal

502• *Le beau n'est que le commencement du terrible.*

Rainer Maria Rilke

503• *Il nous regarde encore, ensuite il se recouche,*
Tout en léchant le sang répandu sur sa bouche,
Et, sans daigner savoir comment il a péri,
Refermant ses grands yeux, meurt, sans jeter un cri.

Alfred de Vigny

504• *Le sublime lasse, le beau trompe, le pathétique seul est infaillible dans l'art. Celui qui sait attendrir sait tout. Il y a plus de génie dans un homme que dans tous les musées et dans toutes les bibliothèques de l'univers.*

Alphonse de Lamartine

505• *Je suis grand, savant, plein de gloire ; mais pour le vulgaire, le génie ressemble à la folie. La gloire est le soleil des morts ; de ton vivant, tu seras malheureux comme tout ce qui fut grand.*

Honoré de Balzac

506• *Ah, frappe-toi le cœur, c'est là qu'est le génie.*

Alfred de Musset

507• *Le poète est ainsi dans les Landes du monde ;*
Lorsqu'il est sans blessure, il garde son trésor.
Il faut qu'il ait au cœur une entaille profonde
Pour épancher ses vers, divines larmes d'or.

Théophile Gautier

508• *Le lyrisme est le développement d'une exclamation.*

Paul Valéry

509• *Les grands bois et les champs sont de vastes asiles,*
Libres comme la mer autour des sombres îles.

Alfred de Vigny

510• *Une seule chose est nécessaire : la solitude. La grande solitude intérieure. Aller en soi-même et ne rencontrer pendant de heures personne, c'est à cela qu'il faut parvenir. Être seul, comme l'enfant est seul.*

Rainer Maria Rilke

511• *Tout s'anéantit, tout périt, tout passe ; il n'y a que le monde qui reste. Il n'y a que le temps qui dure.*

Denis Diderot

512• *Tout me lasse ; je remorque avec peine mon ennui avec mes jours, et je vais partout bâillant ma vie.*

Chateaubriand

513• *Tout passe et tout lasse, les nations, les individus qui les composent, autant en emporte le vent. Il ne reste que la beauté, transmise par les artistes.*

Ernest Hemingway

VIII• Le réalisme

514• *Quelle vanité que la peinture, qui attire l'admiration par la ressemblance des choses dont on n'admire point les originaux.*

Blaise Pascal

515• *Le hasard est le plus grand romancier du monde : pour être fécond, il n'y a qu'à l'étudier. La Société française allait être l'historien, je ne devais être que le secrétaire. En dressant l'inventaire des vices et des vertus, en rassemblant les principaux faits des passions, en peignant les caractères, en choisissant les événements principaux de la Société, en composant des types par la réunion des traits de plusieurs caractères homogènes, peut-être pouvais-je arriver à écrire l'histoire oubliée par tant d'historiens, celle des mœurs.*

Honoré de Balzac

516• *On part de ce point que la nature suffit ; il faut l'accepter telle qu'elle est, sans la modifier ni la rogner en rien : elle est assez belle, assez grande, pour apporter avec elle un commencement, un milieu et une fin. […] L'œuvre devient un procès-verbal, rien de plus ; elle n'a que le mérite de l'observation exacte, la pénétration plus ou moins profonde de l'analyse, de l'enchaînement logique des faits.*

Émile Zola

517• *Qu'ils son heureux, les Anglais, de pouvoir écrire et lire des chapitres d'observation dénués de tout alliage d'invention romanesque ! À Paris, on nous demanderait que cela fût semé d'anecdotes et d'histoires* *sentimentales, — se terminant soit par une mort, soit par un mariage. L'intelligence réaliste de nos voisins se contente du vrai absolu.*

Nerval

518• *J'ai maintes fois été étonné que la grande gloire de Balzac fût de passer pour un observateur ; il m'avait toujours semblé que son principal mérite était d'être visionnaire, et visionnaire passionné.*

Charles Baudelaire

519• *L'auteur [d'Armance] pense que, excepté pour la passion du héros, un roman doit être un miroir.*

Stendhal

520• *Le réaliste, s'il est un artiste, cherchera, non pas à nous montrer la photographie banale de la vie, mais à nous en donner la vision plus complète, plus saisissante, plus probante que la réalité même.*

Guy de Maupassant

521• *La reproduction de la nature par l'homme ne sera jamais une* reproduction *ni une* imitation*, ce sera toujours une interprétation.*

Champfleury

522• *Une œuvre d'art est un coin de la création vue à travers un tempérament.*

Émile Zola

523• *L'histoire est un roman qui a été, le roman est de l'histoire qui aurait pu être.*

Edmond et Jules de Goncourt

524• *Il est difficile de ne pas voir ce que cherche le dix-neuvième siècle ; une soif croissante d'émotions fortes est son vrai caractère… C'est donc par une peinture exacte et enflammée du cœur humain que le dix-neuvième siècle se distinguera de tout ce qui l'a précédé.*

Stendhal

525• *Aujourd'hui que le Roman s'élargit et grandit, qu'il commence à être la grande forme sérieuse, passionnée, vivante, de l'étude littéraire et de l'enquête sociale, qu'il devient, par l'analyse et par la recherche psychologique, l'Histoire morale contemporaine, aujourd'hui que le Roman s'est imposé les études et les devoirs de la science, il peut en revendiquer les libertés et les franchises. Et qu'il cherche l'Art et la Vérité ; qu'il montre des misères bonnes à ne pas laisser oublier aux heureux de Paris ; [...] que le Roman ait cette religion que le siècle passé appelait de ce large et vaste nom :* Humanité.

Edmond et Jules de Goncourt

526• *Puisque l'imagination n'est plus la qualité maîtresse du romancier, qu'est-ce donc qui l'a remplacée ? Il faut toujours une qualité maîtresse. Aujourd'hui, la qualité maîtresse du romancier est le sens du réel.*

Émile Zola

527• *Elle* [cette école, le naturalisme] *n'admettait guère, en théorie du moins, l'exception ; elle se confinait donc dans la peinture de l'existence commune, s'efforçait, sous prétexte de faire vivant, de créer des êtres qui fussent aussi semblables que possible à la bonne moyenne des gens.*

Joris-Karl Huysmans

528• *L'art a pour destination de saisir et de représenter le réel comme vrai, c'est-à-dire dans sa conformité avec l'idée, conforme elle-même à sa véritable nature ou parvenue à l'existence réfléchie.*

Friedrich Hegel

529• *Des siècles et des siècle d'idéalisme n'ont pas manqué d'influer sur la réalité.*

Jorge Luis Borges

530• *La peinture n'est pour moi qu'un moyen d'oublier la vie. Un cri dans la nuit.*

Georges Rouault

531• *Ce qu'il y a de plus réel pour moi, ce sont les illusions que je crée avec ma peinture. Le reste est un sable mouvant.*

Eugène Delacroix

532• *L'art ne reproduit pas le visible, il rend visible.*

Paul Klee

533• *Le déterminisme du roman naturaliste écrase la vie.*

Jean-Paul Sartre

534• *J'arrange les faits de façon à les rendre plus conformes à la vérité que dans la réalité.*

André Gide

535• *La présence matérielle de l'auteur l'induit au bavardage et au remplissage. Au contraire la forme impersonnelle a le mérite d'être une école, un effort, une discipline. Le roman objectif exige impérieusement la qualité du style.*

Albert Thibaudet

536• *Mon roman n'a pas de sujet. Oui, je sais bien ; ça a l'air stupide ce que je dis là. Mettons si vous préférez qu'il n'y aura pas de sujet… « Une tranche de vie », disait l'école naturaliste. Le grand défaut de cette école, c'est de couper sa tranche toujours dans le même sens ; dans le sens du temps, en longueur. Pourquoi pas en largeur ? ou en profondeur ?*

André Gide

537• *L'art du style a complètement renoncé à produire des effets agréables au sens traditionnel du mot ; il est mis au service de la déplaisante, oppressante, désespérante vérité. Mais cette vérité est en même temps un appel à l'action, à la réforme sociale.*

Erich Auerbach

538• *La littérature qui se contente de « décrire les choses », d'en donner seulement un misérable relevé de lignes et de surfaces, est celle qui, tout en s'appelant réaliste, est la plus éloignée de la réalité, celle qui* *nous appauvrit et nous attriste le plus, car elle coupe brusquement toute communication de notre moi présent avec le passé, dont les choses gardaient l'essence, et l'avenir, où elles nous incitent à le goûter de nouveau. C'est elle que l'art digne de ce nom doit exprimer, et, s'il y échoue, on peut encore tirer de son impuissance un enseignement (tandis qu'on n'en tire aucun des réussites du réalisme), à savoir que cette essence est en partie subjective et incommunicable.*

Marcel Proust

539• *C'est que ces productions [les fantasmes] sont, elles aussi, réelles dans un certain sens : il reste notamment le fait que c'est le malade qui a créé les événements imaginaires ; et, au point de vue de la névrose, ce fait n'est pas moins important que si le malade avait réellement vécu les événements dont il parle. Les fantaisies possèdent une réalité psychique, opposée à la réalité matérielle, et nous nous pénétrons peu à peu de cette vérité que dans le monde des névroses, c'est la réalité psychique qui joue le rôle dominant.*

Sigmund Freud

540• *Jeanne : – Ça n'est pas toujours gai, la vie.*

Guy de Maupassant

541• *Rosalie : – La vie, voyez-vous, ça n'est jamais si bon ni si mauvais qu'on croit.*

Guy de Maupassant

542• *Rosanette : – Bah ! à quoi bon ? autant ça qu'autre chose ! la vie n'est pas si drôle.*

Gustave Flaubert

543• *Les choses ne sont jamais ni aussi mauvaises ni aussi bonnes qu'on croit.*

Gustave Flaubert

544• *Le monde est si beau, et ça me fait tant de peine de mourir.*

José Saramago

IX• Le surréalisme

545• *Le domaine de la poésie est illimité. Sous le monde réel, il existe un monde idéal, qui se montre resplendissant à l'œil de ceux que des méditations graves ont accoutumés à voir dans les choses plus que les choses.*

Victor Hugo

546• *Le beau est toujours bizarre.*

Charles Baudelaire

547• *Je dis qu'il faut être* voyant, *se faire* voyant. *Le Poète se fait* voyant *par un long, immense et raisonné* dérèglement de tous les sens.

Arthur Rimbaud

548• *Beau comme la rencontre fortuite sur une table de dissection d'une machine à coudre et d'un parapluie.*

Lautréamont

549• *J'ai forgé l'adjectif surréaliste qui ne signifie pas du tout symbolique [...], mais définit assez bien une tendance de l'art qui si elle n'est pas plus nouvelle que tout ce qui se formule sous le soleil n'a du moins jamais servi à formuler aucun credo, aucune affirmation artistique et littéraire.*

Guillaume Apollinaire

550• *Liberté : DADA DADA, hurlement des douleurs crispées, entrelacement des contraires et de toutes les contradictions, des grotesques, des inconséquences : LA VIE.*

Tristan Tzara

551• *Inconscient, descendez en nous par réflexes ;*
Brouillez les cartes, les dictionnaires, les sexes [...]
Le semblable, c'est le contraire !

Jules Laforgue

552• *Lâchez tout.*
Lâchez Dada.
Lâchez votre femme, lâchez votre maîtresse.
Lâchez votre espérance et vos craintes.
Semez vos enfants au coin d'un bois.
Lâchez la proie pour l'ombre.

André Breton

553• *[La poésie] montre nues, sous une lumière qui secoue la torpeur, les choses surprenantes qui nous environnent et que nos sens enregistraient machinalement.*

Jean Cocteau

554• *Surréalisme, n. m. Automatisme psychique pur par lequel on se propose d'exprimer, soit verbalement, soit par écrit, soit de toute autre manière, le fonctionnement réel de la pensée. Dictée de la pensée, en l'absence de tout contrôle exercé par la raison, en dehors de toute préoccupation esthétique ou morale.*

André Breton

555• *La poésie éveille l'apparition de l'irréel et du rêve face à la réalité bruyante et palpable dans laquelle nous nous croyons chez nous.*

Heidegger

556• Comme *: [le mot] le plus exaltant dont nous disposions, que ce mot soit prononcé ou tu. C'est à travers lui que l'imagination humaine donne sa mesure et que se joue le plus haut destin de l'esprit.*

André Breton

557• *Le propre de l'image forte est d'être issue du rapprochement spontané de deux réalités très distantes dont* l'esprit *seul a saisi les rapports.*

Pierre Reverdy

558• *Les sens ont enfin établi leur hégémonie sur la terre. Que viendrait désormais faire ici la raison ?*

Louis Aragon

559• *Le cadavre exquis boira le vin nouveau.*

Jacques Prévert

560• *Si les chevaux avaient pour fers des aimants, Le cœur des amants cesserait de battre.*

Breton/Desnos

561• *La fenêtre creusée dans notre chair s'ouvre sur notre cœur. On y voit un immense lac où viennent se poser à midi des libellules mordorées et odorantes comme des pivoines.*

Philippe Soupault

562• *Je méprise trop la vie pour penser qu'un changement quel qu'il soit qui se développerait dans le cadre des apparences puisse rien changer à ma détestable condition. Ce qui me sépare des surréalistes c'est qu'ils aiment autant la vie que je la méprise.*

Antonin Artaud

563• *Le moins que l'on puisse demander à une sculpture, c'est qu'elle ne bouge pas.*

Salvador Dali

564• *La Joconde sourit parce que tous ceux qui lui ont posé des moustaches sont morts.*

André Malraux

565• *[Selon la philosophie surréaliste] le réel, c'est d'abord l'immensité de l'imagination, de l'espoir, de l'amour et du désir de l'homme.*

Raymond Jean

566• *Sous les pavés, la plage.*

Slogan de Mai 68

567• *Une œuvre d'art n'est jamais belle, par décret, objectivement, pour tous.*

Tristan Tzara

568• *La femme nue marche environnée de claquements d'invisibles étoffes ; Paris ferme portes et fenêtres, éteint ses lampadaires. Un assassin dans un quartier lointain se donne beaucoup de mal pour tuer un impassible promeneur. Des ossements encombrent la chaussée. La femme nue heurte à chaque porte, soulève toute paupière close.*

Robert Desnos

569• *La beauté sera* convulsive *ou ne sera pas.*

André Breton

570• *Les éléphants sont contagieux.*

Paul Éluard, Benjamin Péret

X• Modernité et avant-gardes

571• *La Vérité est fille du Temps.* (Veritas filia temporis.)

Aulu-Gelle

572• *Tout est dit, et l'on vient trop tard depuis plus de sept mille ans qu'il y a des homme et qui pensent. Sur ce qui concerne les mœurs, le plus beau et le meilleur est enlevé ; l'on ne fait que glaner après les anciens et les habiles d'entre les modernes.*

Jean de La Bruyère

573• *Ce qui me semble beau, ce que je voudrais faire, c'est un livre sur rien, un livre sans attache extérieure, qui se tiendrait de lui-même par la force interne de son style, comme la terre sans être soutenue se tient en l'air, un livre qui n'aurait presque pas de sujet ou du moins où le sujet serait presque invisible, si cela se peut. Les œuvres les plus belles sont celles où il y a le moins de matière ; plus l'expression se rapproche de la pensée, plus le mot colle dessus et disparaît, plus c'est beau. Je crois que l'avenir de l'Art est dans ces voies.*

Gustave Flaubert

574• *« Transformer le monde », a dit Marx ; « changer la vie », a dit Rimbaud : ces deux mots d'ordre pour nous n'en font qu'un.*

André Breton

575• *C'est dans la seconde moitié du XIX*e *siècle, à l'une des périodes les plus désolées du malheur capitaliste, que la littérature a trouvé, du moins pour nous, Français, avec Mallarmé, sa figure exacte : la* *modernité. [...] « Changer la langue », mot mallarméen, est concomitant de « Changer le monde », mot marxien.*

Roland Barthes

576• *La modernité n'est plus que la dissidence récupérée.*

Bernard Valette

577• *Le temps du monde fini commence. [...] Civilisations, nous savons maintenant que nous sommes mortelles.*

Paul Valéry

578• *Le monde a commencé sans l'homme et finira sans lui.*

Claude Lévi-Strauss

579• *Pour la première fois, l'humanité vit une seule et même histoire.*

Raymond Aron

580• *Avec la révolution industrielle, nous passons à une ère nouvelle, l'ère de la physique. Des hommes de science, surtout Galilée et Newton, avaient préparé le chemin pour cette ère, mais ce qui la fit naître, ce fut la science incarnée par la technique économique.*

Bertrand Russell

581• *Armées de tous les pouvoirs, jouissant de toutes les richesses qu'elles doivent à la science, nos sociétés tentent encore de vivre et d'enseigner des systèmes de valeurs déjà ruinés, à la racine, par cette science même.*

Jacques Monod

582• *Tandis que, semblables à la houle de l'océan, toutes les productions des civilisations du passé montaient et descendaient ensemble, comme d'un commun accord et sans se disjoindre, — le savoir produisant le bien, qui produisait le beau, tandis que le sacré illuminait toute chose —, voici devant nous ce qu'on n'avait en effet jamais vu : l'explosion scientifique et la ruine de l'homme. Voici la nouvelle barbarie dont il n'est pas sûr cette fois qu'elle puisse être surmontée.*

Michel Henry

583• *La science n'est pas une production parmi d'autres de l'espèce humaine ; elle correspond à l'attitude de l'homme, et seulement de l'homme, face à l'univers.*

Albert Jacquard

584• *L'aube de la nouvelle civilisation se lève, et sa clarté permet déjà de distinguer la structure fondamentale des terres promises.*

Jean Fourastié

585• *Je crois que la principale erreur de notre temps, c'est de chercher en toutes choses la vitesse.*

Alain

586• *Lisez lentement, lisez* tout *d'un roman de Zola, le livre vous tombera des mains ; lisez vite, par bribes, un texte moderne, ce texte devient opaque, forclos à votre plaisir : vous voulez qu'il arrive quelque chose, et il n'arrive rien : car* ce qui arrive au langage n'arrive pas au discours.

Roland Barthes

587• *Il est assez facile pour l'écrivain de jouir d'une certaine approbation de la société quand il travaille à des questions de conservation. S'il travaille à des transformations, il impliquera nécessairement l'abolition d'un certain nombre de privilèges de ceux qui sont puissants à l'intérieur de cette société. […] Aujourd'hui chacun est obligé de conquérir par lui-même cette place dans laquelle il lui devient loisible d'effectuer des recherches en profondeur, transformant ainsi l'équilibre des genres littéraires ou artistiques, et ainsi l'ensemble des fonctions sociales.*

Michel Butor

588• *La description prétendait reproduire une réalité préexistante ; elle affirme à présent sa fonction créatrice. Elle faisait voir les choses et voilà qu'elle semble maintenant les détruire, comme si son acharnement à en discourir ne visait qu'à en brouiller les lignes, à les rendre incompréhensibles, à les faire disparaître totalement.*

Alain Robbe-Grillet

589• *Nos radios continuent de brailler des chansons américaines auxquelles on ne comprend rien, nos télés à diffuser des programmes américains ou copiés de l'américain, et nos romanciers d'avant-garde à rivaliser dans le lugubre et l'insignifiant.*

Jean-Marie Domenach

590• *Nous vivons à l'heure des feelings : il n'y a plus ni vérité ni mensonge, ni stéréotype ni invention, ni beauté ni laideur, mais une palette infinie de plaisirs, différents et égaux. La démocratie qui impliquait l'accès de tous à la culture se définit désormais par le droit de chacun à la culture de son choix (ou à nommer culture sa pulsion du moment).*

Alain Finkielkraut

591• *Pendant des siècles, la littérature a été à la fois une mathésis et une mimésis, avec son métalangage corrélatif : le reflet. Aujourd'hui, le texte est une sémiosis, c'est-à-dire une mise en scène du symbolique, non pas du contenu, mais des détours, des retours, bref des jouissances du symbolique.*

Roland Barthes

592• *Le roman moderne n'est plus le récit d'une aventure mais l'aventure d'un récit.*

Jean Ricardou

593• *La modernité, c'est le transitoire, le fugitif, le contingent, la moitié de l'art, dont l'autre moitié est l'éternel et l'immuable.*

Charles Baudelaire

594• *Il faut être absolument moderne.*

Arthur Rimbaud

595• *Être moderne, voilà le but !*

Édouard Manet

596• *La vraie beauté est si particulière, si nouvelle, qu'on ne la reconnaît pas pour la beauté.*

Marcel Proust

597• *Les inventeurs et génies ont presque tous été regardés par la société au début de leur carrière (et fort souvent jusqu'à la fin) comme de purs imbéciles.*

Dostoïevski

598• *Le nouveau, qui est cependant le périssable par essence, est pour nous une qualité si éminente que son absence nous corrompt toutes les autres et que sa présence les remplace. À peine de nullité, de mépris et d'ennui, nous nous contraignons d'être toujours plus avancés dans les arts, dans les mœurs, dans la politique et dans les idées et nous sommes formés à ne plus priser que l'étonnement et l'effet instantané de choc.*

Paul Valéry

599• *Le phénomène de décadence est aussi nécessaire que l'épanouissement et le progrès de la vie.*

Friedrich Nietzsche

600• *MER.........DE.........*
aux
Critiques
Pédagogues
Professeurs
Musées
Quattrocentistes...

Guillaume Apollinaire

TROISIÈME PARTIE

Littérature et condition humaine

I• Psychologie et sentiments

601• *L'homme est un dieu mortel.*

Aristote

602• *Connais-toi toi-même*
Et tu connaîtras l'Univers et les Dieux.

Socrate

603• *Connais-toi toi-même. Maxime aussi pernicieuse que laide. Quiconque l'observe arrête son développement. La chenille qui chercherait à « bien se connaître » ne deviendrait jamais un papillon.*

André Gide

604• *Il est bien plus difficile de se juger soi-même que de juger autrui.*

Antoine de Saint-Exupéry

605• *Ce fut [Françoise] qui la première me donna l'idée qu'une personne n'est pas, comme j'avais cru, claire et immobile devant nous avec ses qualités, ses défauts, ses projets, ses intentions à notre égard (comme un jardin qu'on regarde, avec toutes ses plates-bandes, à travers une grille), mais est une ombre où nous ne pouvons jamais pénétrer, pour laquelle il n'existe pas de connaissance directe, au sujet de quoi nous nous faisons des croyances nombreuses à l'aide de paroles et même d'actions, lesquelles les unes et les autres ne nous donnent que des renseignements insuffisants et d'ailleurs contradictoires, une ombre où nous pouvons tour à tour imaginer, avec autant de vraisemblance, que brillent la haine et l'amour.*

Marcel Proust

606• *L'habitude est une seconde nature.*

Aristote

607• *L'habitude est presque une autre nature.*

Cicéron

608• *Chasse la nature à coups de fourche, elle reviendra toujours au pas de course.*

Horace

609• *Chassez le naturel, il revient au galop.*

Destouches

610• *Rire est le propre de l'homme.*

Aristote
(repris par François Rabelais)

611• *Pleurer, c'est être déjà consolé.*

Friedrich Hegel

612• *La colère est une courte folie.*

Horace

613• *La religion, la morale mettent un frein à la force du naturel ; elles ne peuvent le détruire. L'ivrogne dans un cloître, réduit à un demi-setier de cidre à chaque repas, ne s'enivrera plus, mais il aimera toujours le vin.*

Voltaire

614• *On n'a pas attendu Freud pour reconnaître que le moi n'était pas maître en la demeure. Mais Freud a inventé l'inconscient... freudien, c'est-à-dire un inconscient saisi par le langage ou plutôt que tente de saisir le langage.*

Jean-Bertrand Pontalis

615• *Le caractère, sa genèse et sa permanence chez un individu donné serait* la forme pétrifiée *d'une ancienne névrose guérie spontanément.*

Serge Viderman

616• *La vie est rupture, hérésie, dérogation aux normes.*

Emil Cioran

617• *Nous devons peut-être aux passions les plus grands avantages de l'esprit.*

Vauvenargues

618• *Rien de grand ne s'est accompli dans le monde sans passion.*

Friedrich Hegel

619• *La Nature a placé l'humanité sous le gouvernement de deux maîtres souverains, la douleur et le plaisir.*

Jeremy Bentham

620• *Le plaisir et la douleur, et ce qui les produit, savoir, le bien et le mal, sont les pivots sur lesquels roulent toutes nos passions.*

John Locke

621• *Qui n'a pas vécu dans les années voisines de 1789 ne sait pas ce que c'est que le plaisir de vivre.*

Talleyrand

• LA NATURE •

622• *Tout ce qui est selon la nature est digne d'estime.*

Cicéron

623• *La Nature, comprenant l'Univers, est une et son origine ne peut être que l'éternelle Unité. C'est un vaste organisme dans lequel les choses naturelles s'harmonisent et sympathisent réciproquement.*

Paracelse

624• *Nature a maternellement observé cela, que les actions qu'elles nous a enjointes pour notre besoin nous fussent aussi voluptueuses, et nous y convie non seulement par la raison, mais aussi par l'appétit : c'est injustice de corrompre ses règles.*

Montaigne

625• *Tout est bien sortant de l'Auteur des choses, tout dégénère entre les mains de l'homme.*

Jean-Jacques Rousseau

626• *Le melon a été divisé en tranches par la nature, afin d'être mangé en famille ; la citrouille, étant plus grosse, peut être mangée avec les voisins.*

Bernardin de Saint-Pierre

627• *Heureux le sage enfant de la nature qui use de sa vie et ne la précipite pas en vain ; il coule des jours faciles, sous un toit simple mais commode. Libre de toute affaire, libre de l'inquiète cupidité, il nourrit son troupeau dans le pâturage qu'il reçut de ses pères ; une source libre, des fruits, des racines les châtaigniers de son verger, le lait de ses chèvres suffisent à tous ses besoins et il prépare ses enfants à la paix de son cœur, à la douceur de ses habitudes, à ses constantes voluptés.*

Senancour

628• *Lors de la séparation de l'agriculteur et de l'artisan, le monde du premier fut jugé naturel et celui du second rejeté comme artificiel. À une époque plus récente, c'est l'ingénieur, comparé à l'artisan, qui est le représentant de l'artifice, du non-naturel. Le phénomène historique est dès lors nié, et le mouvement qui lui est propre remplacé par des coupures successives entre les êtres naturels et les êtres artificiels.*

Serge Moscovici

629• *L'homme n'a pas de nature ; ce qu'il a est une histoire.*

J. Ortega y Gasset

630• *Les moralistes demandent les règles du bien et jusqu'à la sécurité que donne la foi en une Providence, à une Nature que, par ailleurs, les savants ont rendue incapable de signifier quoi que ce soit plus qu'un ordre mécanique souverainement indifférent à l'homme.*

Robert Lenoble

631• *Le vieux pacte qui unissait l'homme à la nature a été brisé, car l'homme croit maintenant posséder suffisamment de puissance pour s'affranchir du vaste complexe biologique qui fut le sien depuis qu'il est sur la terre.*

Jean Dorst

II• Morale

632• *Nul n'est méchant volontairement.*

Platon

633• *Un homme sans Cité serait une bête ou un dieu.*

Aristote

634• *L'homme est un loup pour l'homme.* (Homo homini lupus.)

Plaute
(repris par Bacon, Hobbes...)

635• *Nos vertus ne sont, le plus souvent, que des vices déguisés.*

La Rochefoucauld

636• *Don Juan : – L'hypocrisie est un vice à la mode, et tous les vices à la mode passent pour vertus. Le personnage d'homme de bien est le meilleur de tous les personnages qu'on puisse jouer aujourd'hui, et la profession d'hypocrite a de merveilleux avantages.*

Molière

637• *Pour se procurer le nécessaire, les forces de chacun ne suffiraient guère si les hommes ne se rendaient de mutuels services. L'argent est devenu l'instrument par lequel on se procure vraiment toutes choses et le résumé de toutes les richesses, si bien que son image occupe d'ordinaire plus qu'aucune chose l'âme du vulgaire.*

Spinoza

638• *On ne peut trop répéter que tous les dogmes sont différents, que la morale est la même chez tous les hommes qui font usage de leur raison. La morale vient donc de Dieu comme la lumière. Nos superstitions ne sont que ténèbres.*

Voltaire

639• *Agis de telle sorte que la maxime de ta volonté puisse être érigée en loi universelle*

Emmanuel Kant

640• *À cœur vaillant, rien d'impossible*

Devise de Jacques Cœur

641• *Un dévot est celui qui sous un roi athée serait athée.*

Jean de La Bruyère

642• *L'athée est un monstre qui ne dévorera que pour apaiser sa faim ; le superstitieux est un autre monstre qui déchirera les hommes par devoir.*

Voltaire

643• *Conscience ! conscience ! instinct divin, immortelle et céleste voix ; guide assuré d'un être ignorant et borné, mais intelligent et libre ; juge infaillible du bien et du mal, qui rend l'homme semblable à Dieu, c'est toi qui fais l'excellence de sa nature et la moralité de ses actions.*

Jean-Jacques Rousseau

644• *Le plus grand mal, à part l'injustice, serait que l'auteur de l'injustice ne paie pas le prix de sa faute.*

Platon

645• *Deux choses remplissent l'esprit d'admiration et de craintes incessantes : le ciel étoilé au-dessus de moi et la loi morale en moi.*

Emmanuel Kant

646• *Les projets de la plupart des gens en place tendent à leurs intérêts particuliers ; l'État n'est que prête-nom : cependant la gloire du prince est dans les conseils le cri de ralliement.*

La Beaumelle

647• *Le droit est l'art du bien et du juste.*

Justinien

648• *Il n'est rien sujet à plus continuelle agitation que les lois.*

Montaigne

649• *Plaisante justice, qu'une rivière ou une montagne borne ! Vérité en-deçà des Pyrénées, erreur au-delà.*

Blaise Pascal

650• *J'ai cru que dans cette infinie diversité de lois et de mœurs, les hommes n'étaient pas uniquement conduits par leurs fantaisies.*

Montesquieu

651• *Je me complaisais à penser qu'il y a une loi naturelle, indépendante de toutes les conventions humaines : le fruit de mon travail doit être à moi ; je dois honorer mon père et ma mère ; je n'ai nul droit sur la vie de mon prochain, et mon prochain n'en a point sur la mienne.*

Voltaire

652• *La justice est le doute sur le droit qui sauve le droit.*

Alain

653• *Si Dieu n'existait pas, il faudrait l'inventer.*

Voltaire

654• *Pour vivre seul il faut être une bête ou un dieu, dit Aristote. Reste une troisième possibilité : être les deux à la fois, un philosophe.*

Friedrich Nietzsche

655• *Celui-là qui s'assure d'un poste de sacristain ou de chaisière dans la cathédrale bâtie est déjà vaincu. Mais quiconque porte dans le cœur une cathédrale à bâtir, est déjà vainqueur.*

Antoine de Saint-Exupéry

III• La société

656• *Ce qui donne naissance à la société, c'est l'impuissance où chaque homme se trouve de se suffire à lui-même, et le besoin qu'il éprouve de beaucoup de choses. La multiplicité de ces besoins a réuni dans une même habitation plusieurs hommes en vue de s'entraider et nous avons donné à cette société le nom d'État.*

Platon

657• *La société est bien gouvernée quand les citoyens obéissent aux magistrats et les magistrats aux lois.*

Solon

658• *Nul ne règne innocemment.*

Platon
(repris par Saint-Just)

659• *L'homme est par nature un animal politique.*

Aristote

660• *Ce que nous appelons « société » est un ensemble de liens de paroles, fixées souvent dans des textes, qui attachent des hommes les uns aux autres. […] Dire que la société se contractualise, c'est dire que la part des liens prescrits y régresse au profit des liens consentis.*

Alain Supiot

661• *Il y a deux manières de combattre, l'une avec les lois, l'autre avec la force. La première est propre aux hommes, l'autre nous est commune avec les bêtes ; mais lorsque les lois sont impuissantes, il faut bien recourir à la force ; un prince doit savoir à la fois combattre en homme et en bête.*

Niccolo Machiavel

662• *L'État, c'est moi !*

Louis XIV

663• *Ne te lie pas à plus fort et plus riche que toi. Pourquoi mettre le pot de terre avec le pot de fer ? S'il le heurte, il le brisera.*

L'Ecclésiastique

664• *Si donc on écarte du pacte social ce qui n'est pas de son essence, on trouvera qu'il se réduit aux termes suivants : « Chacun de nous met en commun sa personne et toute sa puissance sous la suprême direction de la volonté générale ; et nous recevrons en corps chaque membre comme partie indivisible du tout. »*

Jean-Jacques Rousseau

665• *Ce sont donc les peuples mêmes qui se laissent ou plutôt se font gourmander, puisqu'en cessant de servir ils en seraient quittes ; c'est le peuple qui s'asservit, qui se coupe la gorge, qui, ayant le choix ou d'être serf ou d'être libre, quitte sa franchise et prend le joug, qui consent à son mal ou plutôt le pourchasse.*

Étienne de La Boétie

665• *Le plus fort n'est jamais assez fort pour être toujours le maître, s'il ne transforme sa force en droit et l'obéissance en devoir.*

Jean-Jacques Rousseau

666• *La servitude abaisse les hommes jusqu'à s'en faire aimer.*

Vauvenargues

667• *La soumission du peuple n'est jamais due qu'à la violence et à l'étendue des supplices.*

Sade

668• *L'oppresseur ne se rend pas compte du mal qu'implique l'oppression tant que l'opprimé l'accepte.*

Henry David Thoreau

669• *À moins de servir, nul ne peut commander.*

Rudyard Kipling

670• *La vraie fin de la politique est de rendre les peuples heureux.*

Bossuet

671• *Tous pour un, un pour tous.*

Alexandre Dumas

672• *La guerre est la continuation de la politique par d'autres moyens.*

Karl von Clausewitz

673• *Chaque gouvernement établit des lois pour son propre avantage : la démocratie des lois démocratiques, la tyrannie des lois tyranniques et les autres de même ; ces lois établies, ils déclarent juste, pour les gouvernés, leur propre avantage, et punissent celui qui le transgresse comme violateur de la loi et coupable d'injustice.*

Platon

674• *L'histoire de toute société jusqu'à nos jours est l'histoire de la lutte des classes.*

Karl Marx

675• *« Ne fais pas le prince, a dit avant nous Solon, si tu n'as pas appris à l'être. »*

Honoré de Balzac

676• *Les hommes ne s'attachent point à nous en raison des services que nous leur rendons, mais en raison de ceux qu'ils nous rendent.*

Eugène Labiche

• LE PROGRÈS •

677• *C'est par l'expérience que progressent la science et l'art.*

Aristote

678• *Il n'y a point de vrai progrès de raison dans l'espèce humaine parce que tout ce qu'on gagne d'un côté on le perd de l'autre.*

Jean-Jacques Rousseau

679• *Il se forma bientôt en Europe une classe d'hommes moins occupés encore de découvrir ou d'approfondir la vérité, que de la répandre ; qui, se dévouant à poursuivre les préjugés dans les asiles où le clergé, les écoles, les gouvernements, les corporations anciennes les avaient recueillis et protégés, mirent leur gloire à détruire les erreurs populaires, plutôt qu'à reculer les limites des connaissances humaines ; manière indirecte de servir à leurs progrès, qui n'était ni la moins périlleuse, ni la moins utile.*

Condorcet

680• *Quoi de plus absurde que le Progrès, puisque l'homme, comme cela est prouvé par le fait journalier, est toujours semblable et égal à l'homme, c'est-à-dire toujours à l'état sauvage !*

Charles Baudelaire

681• *L'imagination des poètes a placé l'âge d'or au berceau de l'espèce humaine parmi l'ignorance et la grossièreté des premiers temps ; c'était bien plutôt l'âge de fer qu'il fallait y reléguer. L'âge d'or du genre humain n'est point derrière nous, il est au devant, il est dans la perfection de l'œuvre sociale, nos pères ne l'ont point vu, nos enfants y arriveront un jour.*

Claude Henri de Saint-Simon

682• *Un monde sans science, c'est l'esclavage, c'est l'homme tournant la meule, assujetti à la matière, assimilé à la bête de somme. Le monde amélioré par la science sera le royaume de l'esprit, le règne des hommes libres.*

Ernest Renan

683• *Le pas collectif du genre humain s'appelle le Progrès.*

Victor Hugo

684• *C'est un petit pas pour un homme, mais un bond de géant pour l'humanité.*

Neil Armstrong

IV• Enfance et adolescence

685• *L'asile le plus sûr est le sein d'une mère.*

Florian

686• *Oh ! l'amour d'une mère ! amour que nul n'oublie !*
Pain merveilleux qu'un dieu partage et multiplie !
Table toujours servie au paternel foyer !
Chacun en a sa part, et tous l'ont tout entier !

Victor Hugo

687• *Mais le vert paradis des amours enfantines,*
L'innocent paradis plein de plaisirs furtifs,
Est-il déjà plus loin que l'Inde et que la Chine ?

Charles Baudelaire

688• *Les hommes sont pervers ; ils seraient pires encore s'ils avaient eu le malheur de naître savants.*

Jean-Jacques Rousseau

689• *La disposition des enfants à une perversion polymorphe peut être considérée comme la source d'un grand nombre de nos vertus.*

Sigmund Freud

690• *Quand on parle des enfants, on admire généralement leur pureté, leur beauté, etc., alors que moi, j'admire surtout leur liberté, leur disponibilité, leur amoralité : les mômes ne sont pas encore marqués par une série de tabous, ils sont libres en esprit et en actes.*

Gotlib

691• *Après le pain, l'éducation est le premier besoin d'un peuple.*

Danton

692• *La cause du développement rapide de l'esprit [de l'Ingénu] était due à son éducation sauvage presque autant qu'à la trempe de son âme. Car, n'ayant rien appris dans son enfance, il n'avait point appris de préjugés. Son entendement, n'ayant point été courbé par l'erreur, était demeuré dans toute sa rectitude.*

Voltaire

693• *On fait apprendre les fables de La Fontaine à tous les enfants, et il n'y en a pas un seul qui les entende. Quand ils les entendraient, ce serait encore pis ; car la morale en est tellement mêlée et si disproportionnée à leur âge, qu'elle les porterait plus au vice qu'à la vertu.*

Jean-Jacques Rousseau

694• *C'est le propre d'une grande œuvre que ses personnages nous escortent longtemps après la représentation, comme si chacun avait quelque chose à nous dire qui fût pour nous seuls.*

François Mauriac

695• *Il y a deux éléments dans l'éducation : l'information et l'initiation. Jusqu'au XVIIIe siècle, l'éducation — essentiellement morale, humaniste et religieuse — donnait le pas à l'initiation sur l'information. Voltaire et Diderot ont dénoncé cette éducation par trop désintéressée et aristocratique. Depuis, la part initiatique de l'éducation ne cesse de reculer. On a abandonné le grec et le latin. La littérature est considérée comme un ornement inutile.*

Michel Tournier

696• *Si jeunesse savait, si vieillesse pouvait.*

Henri Estienne

697• *Cueillez, cueillez votre jeunesse :*
Comme à cette fleur, la vieillesse
Fera ternir votre beauté.

Pierre de Ronsard

698• *Alors s'assit sur un monde en ruines une jeunesse soucieuse.*

Alfred de Musset

699• *On n'est pas sérieux, quand on a dix-sept ans*
Et qu'on a des tilleuls verts sur la promenade.

Arthur Rimbaud

700• *Ma jeunesse ne fut qu'un ténébreux orage,*
Traversé çà et là par de brillants soleils.

Charles Baudelaire

701• *Chérubin : – Je ne sais plus ce que je suis ; mais depuis quelque temps je sens ma poitrine agitée ; mon cœur palpite au seul aspect d'une femme ; les mots* amour *et* volupté *le font tressaillir et le troublent. Enfin le besoin de dire à quelqu'un* Je vous aime, *est devenu pour moi si pressant, que je le dis tout seul, en courant dans le parc, […] aux arbres, aux nuages, au vent qui les emporte avec mes paroles perdues.*

Beaumarchais

702• *Pourquoi préférons-nous à tout autre récit celui d'un amour impossible ?*

Denis de Rougemont

703• *Il n'y a pas de bon père, c'est la règle ; qu'on n'en tienne pas grief aux hommes mais au lien de paternité qui est pourri.*

Jean-Paul Sartre

704• *Familles, je vous hais ! foyers clos ; portes refermées ; possessions jalouses du bonheur.*

André Gide

705• *Quoi qu'on puisse dire philosophiquement, nous tenons au sol par bien des liens. On n'emporte pas les cendres de ses pères à la semelle de ses souliers, — et le plus pauvre garde quelque part un souvenir sacré qui lui rappelle ceux qui l'ont aimé. Religion ou philosophie, tout indique à l'homme ce culte éternel des souvenirs.*

Gérard de Nerval

706• *Jeunes gens qui voulez faire carrière, engagez-vous ! Soyez d'un parti, d'une Église. Tout vous sera offert. Tout vous sera permis. Vous n'aurez plus les mêmes juges.*

Yvon Belaval

V• L'amour, l'amitié

707• *L'amour triomphe de tout.* (Omnia vincit amor.)

Virgile

708• *Car l'amour est fort comme la mort,*
la passion est violente comme l'enfer,
ses étincelles sont des étincelles de feu,
une flamme divine !

Cantique des cantiques

709• *La mesure de l'amour, c'est d'aimer sans mesure.*

Saint Augustin

710• *Il faut que l'amour soit sans bornes, alors Dieu peut agir suivant la mesure de l'amour.*

Maître Eckhart

711• *Mariez-vous, ne vous mariez pas : vous le regretterez.*

François Rabelais

712• *Le mariage a été inventé pour les hommes moyens qui ne sont capables ni d'un grand amour, ni d'une grande amitié, donc pour le plus grand nombre ; mais aussi pour ces hommes très rares qui sont capables et d'amour et d'amitié.*

Friedrich Nietzsche

713• *Amour, amour, quand tu nous tiens,*
On peut bien dire : « Adieu prudence ! »

Jean de La Fontaine

714• *Tout est beau dans ce que l'on aime ;*
Tout ce qu'on aime a de l'esprit.

Charles Perrault

715• *Arnolphe : – Du côté de la barbe est la toute puissance.*
Bien qu'on soit deux moitiés de la société,
Ces deux moitiés pourtant n'ont point d'égalité :
L'une est moitié suprême, et l'autre subalterne ;
L'une en tout est soumise à l'autre qui gouverne ;
Et ce que le soldat, dans son devoir instruit,
Montre d'obéissance au chef qui le conduit,
Le valet à son maître, un enfant à son père,
À son supérieur le moindre petit frère,
N'approche point encor de la docilité,
Et de l'obéissance, et de l'humilité,
Et du profond respect où la femme doit être
Pour son mari, son chef, son seigneur, et son maître.

Molière

716• *Il est du véritable amour comme de l'apparition des esprits ; tout le monde en parle, mais peu de gens en ont vu.*

La Rochefoucauld

717• *Les inclinations naissantes, après tout, ont des charmes inexplicables, et tout le plaisir de l'amour est dans le changement.*

Molière

718• *Mais en Espagne déjà mille et trois.*
(Ma in Ispagna son già mille e tre.)

Da Ponte (livret), Mozart (musique) :
il s'agit des conquêtes de Don Juan
dans l'opéra *Don Giovanni*

719• *La vie est un sommeil, l'amour en est le rêve.*
Et vous auriez vécu si vous aviez aimé.

Alfred de Musset

720• *Avoir sa belle-mère en province quand on demeure à Paris, et vice-versa, est une de ces bonnes fortunes qui se rencontrent toujours trop rarement.*

Honoré de Balzac

721• *Le désir de plaire naît chez les femmes avant le besoin d'aimer.*

Ninon de Lenclos

722• *L'homme commence par aimer l'amour et finit par aimer une femme. La femme commence par aimer un homme et finit par aimer l'amour.*

Remy de Gourmont

723• *Dire que j'ai gâché des années de ma vie, que j'ai voulu mourir, que j'ai eu mon plus grand amour, pour une femme qui ne me plaisait pas, qui n'était pas mon genre !*

Marcel Proust

724• *Les privilèges de la beauté sont immenses. Elle agit même sur ceux qui ne la constatent pas.*

Jean Cocteau

725• *Ô femme ! femme ! femme ! créature faible et décevante !... nul animal créé ne peut manquer à son instinct : le tien est-il donc de tromper ?*

Beaumarchais
(chez Virgile *varium et mutabile*,
« chose variable et changeante »)

726• *Souvent femme varie,*
Bien fol est qui s'y fie.

Victor Hugo
(attribué à François Ier)

727• *Comme la plume au vent,*
Femme varie,
Elle ne dit plus la même chose,
Elle ne pense plus la même chose.

Francesco Maria Piave (livret),
Verdi (musique) : *Rigoletto*

728• *La femme est l'avenir de l'homme.*

Louis Aragon

728• *On ne naît pas femme, on le devient.*

Simone de Beauvoir

729• *Si on juge de l'amour par la plupart de ses effets, il ressemble plus à la haine qu'à l'amitié.*

La Rochefoucauld

730• *Moi, je dis : la volupté unique et suprême de l'amour gît dans la certitude de faire le mal. — Et l'homme et la femme savent de naissance que dans le mal se trouve toute volupté.*

Charles Baudelaire

731• *Tant que tu seras heureux, tu compteras beaucoup d'amis.*
Si le ciel se couvre de nuages, tu seras seul.

Ovide

732• *N'est ami ni celui qui recherche toujours l'utile, ni celui qui ne le joint pas jamais à l'amitié : car le premier, avec le bienfait, fait trafic de ce qui se donne en échange ; l'autre coupe le bon espoir pour l'avenir.*

Épicure

733• *L'amour est la folie de l'amitié.*

Sénèque

734• *Si on me presse de dire pourquoi je l'aimais, je sens que cela ne se peut exprimer qu'en répondant : « Parce que c'était lui, parce que c'était moi. »*

Montaigne

735• *Qu'un ami véritable est une douce chose !*
Il cherche vos besoins au fond de votre cœur ;
Il vous épargne la pudeur
De les lui découvrir vous-même.

Jean de La Fontaine

736• *Qu'une vie est heureuse quand elle commence par l'amour et finit par l'ambition !*

Blaise Pascal

737• *Dans certaines amitiés passionnées, on a le bonheur des passions et l'aveu de la raison par dessus le marché.*

Chamfort

738• *L'amitié, ce rapport sans dépendance, sans épisode et où entre cependant toute la simplicité de la vie, passe par la reconnaissance de l'étrangeté commune qui ne nous permet pas de parler de nos amis, mais seulement de leur parler.*

Maurice Blanchot

739• *L'amour et l'amitié s'excluent l'un l'autre.*

Jean de La Bruyère

VI• La sagesse

740• *Le sage est tourné vers lui-même et il trouve en lui toutes choses.*

Plotin

741• *Il est doux quand, sur la vaste mer, les vents soulèvent les flots, de regarder, de la terre ferme, les terribles périls d'autrui.*

(Lucrèce, *Suave mari magno...*)

742• *Sage est celui qui se contente du spectacle du monde.*

Ricardo Reis
(hétéronyme de Fernando Pessóa)

743• *Le sage est un chercheur infatigable des richesses naturelles.*

Sénèque

744• *Les gens ne devraient pas toujours tant réfléchir à ce qu'ils doivent faire, ils devraient plutôt penser à ce qu'ils doivent être. S'ils étaient seulement bons et conformes à leur nature, leurs œuvres pourraient briller d'une vive clarté.*

Maître Eckhart

745• *Nous n'agissons pas par raison, mais par amour, parce que ce n'est pas l'esprit qui agit, mais le cœur qui gouverne, et toute la déférence qu'a le cœur pour l'esprit est que, s'il n'agit pas par raison, il fait au moins croire qu'il agit par raison.*

Jean Domat

746• *Deux excès : exclure la raison, n'admettre que la raison.*

Blaise Pascal

747• *Quand je vois un homme engoué de la raison, je parie aussitôt qu'il n'est pas raisonnable.*

Vauvenargues

748• *Rien n'est moins applicable à la vie qu'un raisonnement mathématique.*

Mme de Staël

749• *Il faut penser en homme d'action et agir en homme de pensée.*

Henri Bergson

750• *Il ne faut rien faire que de raisonnable ; mais il faut bien se garder de faire toutes les choses qui le sont.*

Montesquieu

751• *Aimer ce qu'on est* obligé *de faire. Tel est le but de tout conditionnement.*

Hegel revu par Aldous Huxley

752• *Les hommes habiles ne commandent pas au hasard, mais ils l'attirent, le préparent et semblent presque le déterminer.*

Jean de La Bruyère

753• *Sagesse des fous, folie des sages.*

Saint Paul

754• *Les hommes sont si nécessairement fous, que ce serait être fou par un autre tour de folie, de n'être pas fou.*

Blaise Pascal

755• *Qui vit sans folie n'est pas si sage qu'il croit.*

La Rochefoucauld

756• *C'est une grande folie de vouloir être sage tout seul.*

La Rochefoucauld

757• *La raison même a tort quand elle ne plaît pas.*

La Chaussée

758• *On n'est estimé sage qu'autant qu'on est fou de la folie commune.*

Fontenelle

759• *Qui vit sans folie n'est pas si sage qu'il croit.*

La Rochefoucauld

760• *Les hommes sont toujours contre la raison quand la raison est contre eux.*

Helvétius

761• *L'opinion est reine du monde, parce que la sottise est la reine des sots.*

Chamfort

762• *Nous sommes tous des fous mais nul n'a le droit d'imposer sa folie à autrui.*

Georg Büchner

• LE BONHEUR •

763• *Rien de trop.*

Solon

764• *Le juste milieu, précieux comme l'or…*

Horace

765• *L'essentiel n'est pas de vivre, mais de bien vivre.*

Platon

766• *Il n'y a qu'un devoir, c'est d'être heureux.*

Denis Diderot

767• *Pour jouir de ce bonheur qu'on cherche tant et qu'on trouve si peu, la sagesse vaut mieux que le génie, l'estime que l'admiration, et les douceurs du sentiment que le bruit de la renommée.*

D'Alembert

768• *Le travail éloigne de nous trois grands maux : l'ennui, le vice et le besoin.*

Voltaire

769• *L'homme est le seul animal voué au travail.*

Emmanuel Kant

770• *Il faut travailler, sinon par goût, au moins par désespoir, puisque, tout bien vérifié, travailler est moins ennuyeux que s'amuser.*

Charles Baudelaire

771• *La fortune sourit aux audacieux.*

Virgile

772• *Profite du jour présent en te fiant le moins possible au lendemain.* (Carpe diem)

Horace

773• *Heureux qui, comme Ulysse, a fait un beau voyage,*
Ou comme cestui-là qui conquit la toison,
Et puis est retourné, plein d'usage et raison,
Vivre entre ses parents le reste de son âge !

Joachim Du Bellay

774• *Qui veut voyager loin ménage sa monture.*

Jean Racine

(Cf. *Chi va piano, va sano. Chi va sano, va lontano.* Proverbe italien)

775• *Tout a un prix ou une dignité. Ce qui a un prix peut aussi bien être remplacé par quelque chose d'autre, à titre d'équivalent ; au contraire, ce qui est supérieur à tout prix, ce qui par suite n'admet pas d'équivalent, est ce qui a une dignité.*

Emmanuel Kant

776• *Ce qui se paie n'a guère de valeur ; voilà la croyance que je cracherai au visage des esprits mercantiles.*

Friedrich Nietzsche

777• *Les plus beaux présents des dieux sont gratuits.*

Ernst Jünger

778• *Qui se soucie de regarder*
La fleur de la carotte sauvage
Au temps des cerisiers ?

Sode Yamaguchi

VII• Les sciences

779• *Heureux celui qui a pu pénétrer les causes secrètes des choses.*

Lucrèce

780• *L'or de la terre et les trésors de l'onde,*
Leurs habitants et les peuples de l'air,
Tout sert au luxe, au plaisir de ce monde.
Oh ! le bon temps que ce siècle de fer !

Voltaire

781• *Prométhée : – Et qui dira*
qu'il a trouvé avant moi dans le sol
ces biens qui s'y cachent aux hommes :
le bronze, le fer, l'argent et l'or ?
personne, je le sais, à moins de vanterie.
Et pour tout le dire en une phrase :
les arts humains viennent tous de Prométhée.

Eschyle

782• *Un nombre infini de soleils existent ; un nombre infini de terres tournent autour de ces soleils comme les sept planètes tournent autour de notre soleil. Des êtres vivants habitent ces mondes.*

Giordano Bruno

783• *Et pourtant, elle [la terre] se meut.* (Eppur, si muove.)

Galilée

784• *Le monde est issu des calculs divins.*

Leibniz

785• *Rien ne se perd ni rien ne se crée dans la nature.*

Claude Bernard

786• *Les vrais révolutionnaires, les vrais hommes d'action, ceux qui font pour demain le plus de vérité, le plus de justice, ce sont à coup sûr les savants.*

Émile Zola

787• *Les vrais hommes de progrès sont ceux qui ont pour point de départ un respect profond du passé.*

Ernest Renan

788• *La nature est écrite en langage mathématique.*

Galilée

789• *Les formules mathématiques ne représentent plus la nature mais la connaissance que nous en possédons.*

Werner Heisenberg

790• *La seule vraie science est la connaissance des faits.*

Buffon

791• *La science a précisément le privilège de nous apprendre ce que nous ignorons, en substituant la raison et l'expérience au sentiment, et en nous montrant clairement la limite de notre connaissance actuelle. Mais, par une merveilleuse compensation, à mesure que la science rabaisse ainsi notre orgueil, elle augmente notre puissance.*

Claude Bernard

792• *On fait de la science avec des faits, comme on fait une maison avec des pierres ; mais une accumulation de faits n'est pas plus une science qu'un tas de pierres n'est une maison.*

Raymond Poincaré

793• *La science n'a pas de patrie.*

Louis Pasteur

794• *Nos recherches portent sur le monde sensible, et non sur un univers de papier.*

Galilée

795• *En mathématique, on suppose ; en physique, on pose et on établit. Là ce sont des définitions, ici ce sont des faits. On va de définitions en définitions dans le sciences abstraites ; on marche d'observations en observations dans les sciences réelles. Dans les premières, on arrive à l'évidence, dans les dernières à la certitude.*

Buffon

796• *Le silence éternel de ces espaces infinis m'effraie.*

Blaise Pascal

797• *Pour faire servir la nature aux besoins de l'homme, il faut obéir à ses lois.*

Francis Bacon

798• *Savoir que l'on ne sait pas est d'un esprit supérieur.*
Ne pas savoir et croire que l'on sait est une faute.
Savoir que c'est une faute empêche d'y tomber.

Lao Tzu
(Lao Tseu)

799• *Étudier sans réfléchir ne sert à rien.*
Réfléchir sans étudier est périlleux.

K'ung Tzu
(Confucius)

800• *L'état de réflexion est un état contre nature. L'homme qui médite est un animal dépravé.*

Jean-Jacques Rousseau

801• *Je ne formule point d'hypothèses.* (Hypotheses non fingo.)

Isaac Newton

802• *Quand la technique imite la nature elle force le respect.*

Denis Diderot

803• *L'astronomie est née de la superstition ; l'éloquence de l'ambition, de la haine, de la flatterie, du mensonge ; la géométrie de l'avarice ; la physique d'une vaine curiosité ; toutes, et la morale même, de l'orgueil humain.*

Jean-Jacques Rousseau

804• *La nature travaille à rétablir ce que l'homme ne cesse de détruire.*

Buffon

805• *La Science est toujours portée vers des phénomènes de destruction plutôt que vers des phénomènes de construction.*

Jean Giono

806• *Le XVIIe siècle a été le siècle des mathématiques, le XVIIIe celui des sciences physiques, et le XIXe celui de la biologie. Notre XXe siècle est le siècle de la peur. On me dira que ce n'est pas là une science. Mais d'abord la science y est pour quelque chose, puisque ses derniers progrès théoriques l'ont amenée à se nier elle-même et puisque ses perfectionnements pratiques menacent la terre entière de destruction.*

Albert Camus

807• *La science a fait de nous des dieux avant même que nous méritions d'être des hommes.*

Jean Rostand

808• *D'où vient que la théorie avoisine la terreur ? On a vérifié mille fois que le savoir est constamment localisé au plus près du pouvoir, de son exercice, de sa conservation et de sa conquête. Dès l'aurore, il est aux mains des prêtres de l'Égypte, des maîtres que la* République *forme au cours de son cursus, etc. La théorie de la science est toujours aussi proche qu'on veut de la théorie de la domination qu'elle procure.*

Michel Serres

809• *La domination de la nature n'est pas la seule condition du bonheur, pas plus qu'elle n'est le but unique de l'œuvre civilisatrice.*

Sigmund Freud

810• *L'histoire de l'homme est celle d'un inlassable combat contre le risque.*

Frédéric Gaussen

811• *Une erreur ne devient une faute que lorsqu'on ne veut pas la reconnaître.*

Ernst Jünger

812• *La dialectique est pour ainsi dire le faîte et le couronnement des sciences.*

Platon

VIII• L'empire de l'imagination

813• *Semblables aux ombres qui voltigent, dit-on, après la mort, ou aux songes qui déçoivent nos sens endormis.*

Virgile

814• *Imagination : c'est cette partie décevante dans l'homme, cette maîtresse d'erreur et de fausseté, et d'autant plus fourbe qu'elle ne l'est pas toujours.*

Blaise Pascal

815• *Les gens qui sont toujours fourbes ne le sont jamais.*

Christine de Suède

816• *Cette opinion, que la vérité se présente quelquefois à nous pendant le sommeil, est répandue chez tous les peuples de la terre. Les plus grands hommes de l'Antiquité y ont ajouté foi.*

Bernardin de Saint-Pierre

817• *Les songes ont toujours été un grand objet de superstition ; rien n'était plus naturel. Un homme vivement touché de la maladie de sa maîtresse songe qu'il la voit mourante ; elle meurt le lendemain : donc les dieux lui ont prédit sa mort !*

Voltaire

818• *L'imagination est la folle du logis.*

Malebranche

819• *Pour se représenter une situation inconnue, l'imagination emprunte des éléments connus.*

Marcel Proust

820• *L'imagination, qui fait tant de ravages parmi nous, ne parle point à des cœurs sauvages ; chacun attend paisiblement l'impulsion de la nature, s'y livre sans choix, avec plus de plaisir que de fureur, et le besoin satisfait, tout le désir est éteint.*

Jean-Jacques Rousseau

821• *Si les grenouilles avaient des dieux, ces dieux ressembleraient à des grenouilles.*

Attribué à Xénophane

822• *Le sommeil de la raison engendre des monstres.*

Francisco de Goya

823• *Le rêve est une seconde vie. Je n'ai pu percer sans frémir ces portes d'ivoire ou de corne qui nous séparent du monde invisible. Les premiers instants du sommeil sont l'image de la mort ; un engourdissement nébuleux saisit notre pensée, et nous ne pouvons déterminer l'instant précis où le* moi, *sous une autre forme, continue l'œuvre de l'existence.*

Nerval

824• *La vie est un songe.*

Calderón

825• *La religion est le rêve de l'esprit humain.*

Ludwig Feuerbach

826• *La Presse crée aujourd'hui en un jour plus de mythes que la religion en un siècle.*

Karl Marx

827• *Je crois parce que c'est absurde.* (Credo quia absurdum.)

Tertullien
(attribué à saint Augustin)

828• *La croyance, bien entendu, n'est jamais rationnelle : il est rationnel de suspendre la croyance.*

Karl Popper

829• *L'imagination dispose de tout ; elle fait la beauté, la justice et le bonheur, qui est le tout du monde.*

Blaise Pascal

830• *Les gestes de l'orateur sont des métaphores.*

Paul Valéry

831• *Ce qui, en fin de compte, détermine les opinions, ce sont les sentiments, non les facultés intellectuelles.*

Herbert Spencer

832• *La raison habite rarement les âmes communes et bien plus rarement encore les grands esprits.*

Anatole France

833• *L'imagination est plus importante que le savoir.*

Albert Einstein

834• *L'imagination au pouvoir.*

Slogan de Mai 68

835• *La vie imaginaire est plus vraie que la vraie vie.*

Hugo Pratt

IX • L'esprit critique

836• *Le doute est le commencement de la sagesse.*

Aristote

837• *Que sais-je ?*

Montaigne

838• *Doutons même du doute.*

Anatole France

839• *L'ironie fait parler. L'ironie délie les langues.*

Vladimir Jankélévitch

840• *Qu'est-ce qu'un sceptique ? C'est un philosophe qui a douté de tout ce qu'il croit, et qui croit ce qu'un usage légitime de sa raison et de ses sens lui a démontré vrai.*

Denis Diderot

841• *Notre misérable espèce est tellement faite que ceux qui marchent dans le chemin battu jettent toujours des pierres à ceux qui enseignent un chemin nouveau.*

Voltaire

842• *Méphistophélès : – Je suis l'Esprit qui toujours nie ! Et ce à bon droit : car tout ce qui prend naissance mérite d'être détruit ; mieux vaudrait dès lors que rien ne naquît.*

Goethe

843• *Il faut oser.* (Audendum est.)

Devise de la philosophie des Lumières

844• *Les autres hommes sont emportés par leurs passions, sans que les actions qu'ils font soient précédées de la réflexion : ce sont des hommes qui marchent dans les ténèbres ; au lieu que le* philosophe, *dans ses passions mêmes, n'agit qu'après la réflexion ; il marche la nuit, mais il est précédé d'un flambeau.*

Dumarsais

845• *Messieurs, il faut de l'audace, encore de l'audace et toujours de l'audace et la France est sauvée.*

Danton

846• *Hypocrite, enlève d'abord la poutre de ton œil ; et alors tu verras clair pour enlever la paille qui est dans l'œil de ton frère.*

Saint Luc

847• *À chacun son propre fumier sent bon.* (Stercus cuique suum bene olet.)

Érasme

848• *L'argent n'a pas d'odeur.*

Vespasien

849• *Mon opinion est qu'il faut se prêter à autrui et ne se donner qu'à soi-même.*

Montaigne

850• *L'homme n'est qu'un roseau, le plus faible de la nature, mais c'est un roseau pensant.*

Blaise Pascal

851• *Si tu veux être heureux, si tu veux être un homme de bien, laisse les autres te mépriser.*

Sénèque

852• *Perdre un ennemi est une grande perte.*

Christine de Suède

853• *L'abus des livres tue la science. Croyant savoir ce qu'on a lu, on se croit dispensé de l'apprendre. [...]*
– Professeurs de mensonge, c'est pour abuser le peuple que vous feignez de l'instruire, et, comme ces brigands qui mettent des fanaux sur des écueils, vous l'éclairez pour le perdre.

Jean-Jacques Rousseau

854• *Ce qui a été cru par tous, et toujours, et partout, a toutes les chances d'être faux.*

Paul Valéry

855• *Rien n'est plus dangereux qu'une idée quand on n'a qu'une idée.*

Alain

856• *Les idées doivent se compenser, se contraster, s'équilibrer et même se détruire réciproquement.*

Miguel de Unamuno

857• *Innover, ce n'est pas avoir une nouvelle idée, mais arrêter d'avoir une vieille idée.*

Edwin Land

858• *Deux choses sont infinies : l'univers et la bêtise humaine ; pour l'univers, on n'en est pas encore tout à fait sûr.*

Albert Einstein

859• *Le nihiliste ne s'incline devant aucune autorité et n'accepte aucun principe sans examen.*

Ivan Tourgueniev

860• *Faisons des rêves, mais sachons qu'ils n'aboutiront pas. Soyons ardents et sceptiques.*

Maurice Barrès

861• *Ce que je combats, c'est l'exception qui fait la guerre à la règle, au lieu de comprendre que c'est le maintien de la règle qui donne sa valeur à l'exception.*

Friedrich Nietzsche

862• *Au plus élevé trône du monde, si ne sommes assis que sur notre cul.*

Montaigne

X• Démocratie et libertés

863• *Ma patrie n'est pas faite d'une seule muraille ni d'un seul toit ; mais c'est la terre entière qui constitue la cité et la maison mises à notre disposition pour que nous y séjournions.*

Cratès

864• *Celui qui habite partout n'habite nulle part.*

Martial

865• *Les goûts et les couleurs ne se discutent pas.* (De gustibus et coloribus non disputandum.)

Proverbe de la scolastique médiévale

866• *Sans la liberté de blâmer, il n'est point d'éloge flatteur.*

Beaumarchais

867• *La liberté d'opinion est-elle mortelle ?*

Amnesty International

868• *S'il y avait un peuple de dieux, il se gouvernerait démocratiquement. Un gouvernement si parfait ne convient pas à des hommes.*

Jean-Jacques Rousseau

869• *La révolution est la guerre de la liberté contre ses ennemis.*

Robespierre

870• *Il faut être intolérant pour être libre.*

Georges Darien

871• *Il faut convenir que, les hommes naissant tous égaux, la violence et l'habileté ont fait les premiers maîtres ; les lois ont fait les derniers.*

Voltaire

872• *L'homme est né libre, et partout il est dans les fers.*

Jean-Jacques Rousseau

873• *Les Français vont instinctivement au pouvoir ; ils n'aiment point la liberté ; l'égalité seule est leur idole.*

Chateaubriand

874• *Les peuples démocratiques haïssent souvent les dépositaires du pouvoir central ; mais ils aiment toujours ce pouvoir lui-même.*

Alexis de Tocqueville

875• *Tous les êtres humains naissent libres et égaux en dignité et en droits. Ils sont doués de raison et de conscience et doivent agir les uns envers les autres dans un esprit de fraternité.*

Premier article de la Déclaration universelle des droits de l'homme

876• *Tous les animaux sont égaux, mais certains sont plus égaux que d'autres.*

George Orwell

877• *J'ai fait un rêve. J'ai rêvé d'un monde où hommes et femmes seraient égaux et ne seraient plus jugés en fonction de la couleur de leur peau.*

Martin Luther King

878• *Liberté : c'est un de ces mots détestables qui ont plus de valeur que de sens ; qui chantent plus qu'ils ne parlent ; qui demandent plus qu'ils ne répondent ; de ces mots qui ont fait tous les métiers, et desquels la mémoire est barbouillée de Théologie, de Métaphysique, de Morale et de Politique ; mots très bons pour la controverse, la dialectique, l'éloquence ; aussi propres aux analyses illusoires et aux subtilités infinies qu'aux fins de phrases qui déchaînent le tonnerre.*

Paul Valéry

879• *Le bonheur de l'homme n'est pas dans la liberté, mais dans l'acceptation d'un devoir.*

André Gide

880• *Partant de la liberté illimitée, j'aboutis au despotisme sans limite.*

Dostoïevski

881• *O liberté, que de crimes on commet en ton nom !*

Manon Roland

882• *Il n'y a pas de déterminisme, l'homme est libre, l'homme est liberté. Si, d'autre part, Dieu n'existe pas, nous ne trouvons pas en face de nous des valeurs ou des ordres qui légitimeront notre conduite. [...] L'homme est condamné à être libre.*

Jean-Paul Sartre

883• *Nous sommes les esclaves des lois pour pouvoir devenir libres.*
(Servi legum facti sumus, ut liberi esse possemus.)

Cicéron

884• *Mieux vaut régner dans l'Enfer que servir dans le Ciel.*

John Milton

885• *J'aimerais mieux être le premier dans ce village que le second à Rome.*

Jules César

886• *[Le roi] peut tout sur les peuples ; mais les lois peuvent tout sur lui.*

Fénelon

887• *Aucun homme n'a reçu de la nature le droit de commander les autres.*

Denis Diderot

888• *Dieu et la loi peuvent seuls commander à l'homme sans l'avilir.*

Mme De Staël

889• *Le seul mot de liberté est tout ce qui m'exalte encore. Je le crois propre à entretenir, indéfiniment, le vieux fanatisme humain.*

André Breton

890• *J'ai mis mon képi dans la cage*
et je suis sorti avec l'oiseau sur la tête
Alors
on ne salue plus
a demandé le commandant
Non
on ne salue plus
a répondu l'oiseau

Jacques Prévert

891• *Sur l'absence sans désir*
Sur la solitude nue
Sur les marches de la mort
J'écris ton nom [...]
Et par le pouvoir d'un mot
Je recommence ma vie
Je suis né pour te connaître
Pour te nommer
Liberté

Paul Éluard

QUATRIÈME PARTIE

● *Citations inscrites dans la bibliothèque de Montaigne*

Nous donnons ci-après les sentences peintes sur les solives de la « librairie » de Montaigne. Cette librairie, à la fois cabinet de travail et bibliothèque — dans laquelle les livres étaient rangés à plat sur des rayonnages —, se situait dans une tour du château où habitait le seigneur Michel Eyquem de Montaigne, aux confins du Bordelais et du Périgord.

D'origine latine ou grecque, ces sentences témoignent de la vivacité de la culture antique auprès des humanistes de la Renaissance. Elles montrent aussi l'enracinement de la pensée européenne dans le patrimoine issu de la philosophie païenne autant que de la Bible. Elles attestent enfin, s'il en était besoin, l'intérêt que représentent les citations des auteurs les plus illustres quant au développement d'une pensée éminemment personnelle et dont tous s'accordent à reconnaître la richesse et l'originalité. Certaines d'entre elles sont directement traduites ou adaptées par Michel de Montaigne dans ses *Essais*. Elles sont indiquées ici entre guillemets.

892• *Le bout du savoir pour l'homme est de trouver bon ce qui vient, et pour le reste d'être sans souci.*

L'Ecclésiaste (texte latin)

893• *Dieu a donné à l'homme la passion de connaître pour le tourmenter.*

L'Ecclésiaste (texte latin)

894• *Le vent enfle les outres vides ; l'outrecuidance les hommes sans jugement.*

Stobée (texte grec)

895• *« Tout ce qui est sous le ciel court une loi et une fortune pareilles. »*

L'Ecclésiaste (texte latin)

896• *Ne penser à rien fait la douceur de la vie.*

Sophocle (texte grec)

897• *« Il n'est non plus ainsi qu'ainsi ou que ni l'un ni l'autre. »*

Sextus Empiricus (texte grec)

898• *Du grand ou du petit monde des choses que Dieu a faites en si grand nombre, la notion est en nous.*

L'Ecclésiaste (texte latin)

899• *Car je vois que nous ne sommes rien de plus que des fantômes, tous tant que nous vivons, ou une ombre légère.*

Sophocle (texte grec)

900• *Ô malheureux esprits des hommes ! O cœurs aveugles ! Dans quelles ténèbres notre vie, et dans quels grands périls s'écoule le peu de temps que nous avons !*

Lucrèce (texte latin)

901• *Celui qui d'aventure se prend pour un grand homme, la première raison l'abattra tout entier.*

Euripide (texte grec)

902• *Toutes choses avec le ciel, et la terre, et la mer, ne sont rien auprès de la totalité du grand tout.*

Lucrèce (texte latin)

903• *Tu as vu un homme qui se figure sensé ? Plus que de lui, il y a à espérer d'un insensé.*

Proverbes de Salomon (texte latin)

904• *Puisque tu ignores comment l'âme est unie au corps, tu ignores l'œuvre de Dieu.*

L'Ecclésiaste (texte latin)

905• *Cela peut être et peut ne pas être.*

Sextus Empiricus (texte grec)

906• *Le bon est admirable.*

Platon (texte grec)

907• *L'homme est argile.*

En grec, jeu de mots paronomastique. Recueilli par Érasme (*Adages*). Se trouve chez Sénèque, saint Paul, etc.

908• *Ne soyez pas sages à vos propres yeux.*

Saint Paul (texte latin)

909• *« La superstition suit l'orgueil et lui obéit comme à son père. »*

Stobée (texte grec)

910• *Car Dieu ne laisse personne d'autre que lui-même s'enorgueillir.*

Hérodote (texte grec)

911• *« Ne désirer ni craindre son dernier jour. »*

Martial (texte latin)

912• *Tu ne sais, homme, si ceci ou cela convient mieux, ou l'un et l'autre également.*

L'Ecclésiaste (texte latin)

913• *Je suis homme : rien de ce qui est humain ne m'est étranger.*

Térence (texte latin)

914• *Ne sois pas plus sage qu'il n'est nécessaire, de peur d'être stupide.*

L'Ecclésiaste (texte latin)

915• *« L'homme qui présume de son savoir ne sait pas encore ce que c'est que savoir. »*

Saint Paul (texte latin)

916• *« L'homme qui n'est rien, s'il pense être quelque chose, se séduit soi-même et se trompe. »*

Saint Paul (texte latin)

917• *« Ne soyez pas plus sage qu'il ne faut, mais soyez sobrement sage. »*

Saint Paul (texte latin)

918• *Aucun homme n'a su, ni ne saura rien de certain.*

Xénophane (dans Sextus Empiricus, texte grec)

919• *« Euripide dit être en doute si la vie que nous vivons est vie, ou si c'est ce que nous appelons mort qui soit vie. »*

Euripide (dans Stobée, texte grec)

920• *Toutes choses sont trop difficiles pour que l'homme puisse les comprendre.*

L'Ecclésiaste (texte latin)

921• *Vaste est le champ des mots, dans un sens et dans un autre.*

Homère (texte grec)

922• *Le genre humain est excessivement avide de récits.*

Lucrèce (texte latin)

923• *Combien il y a de vide dans les choses !*

Perse (texte latin)

924• *Partout vanité.*

L'Ecclésiaste (texte latin)

925• *Garder la mesure, observer la limite et suivre la nature.*

Lucain (texte latin)

926• *« Bourbe et cendre, qu'as-tu à te glorifier ? »*

L'Ecclésiastique (texte latin)

927• *Malheur à vous qui êtes sages à vos propres yeux !*

Isaïe (texte latin)

928• *Jouis agréablement du présent, le reste est en dehors de toi.*

Paraphrase de *L'Ecclésiaste* (texte latin)

929• *« Il n'y a nulle raison qui n'en ait une contraire. »*

Sextus Empiricus (texte grec)

930• *Notre esprit erre dans les ténèbres et ne peut, aveugle qu'il est, discerner le vrai.*

Michel de L'Hospital (contemporain, Français ; texte latin)

931• *« Dieu a fait l'homme semblable à l'ombre, de laquelle qui jugera quand par l'éloignement de la lumière elle sera évanouie ? »*

D'après *L'Ecclésiaste*
(texte latin, adapté par Montaigne)

932• *« Il n'y a rien de certain que l'incertitude, et rien plus misérable et plus fier que l'homme. »*

Pline (texte latin)

933• *De toutes les œuvres de Dieu, rien n'est plus inconnu à l'homme que la trace du vent.*

L'Ecclésiaste (texte latin)

934• *Chacun des dieux et des hommes a ses préférences.*

Euripide (texte grec)

935• *Ce dont tu conçois le plus d'orgueil, cela te perdra de croire être quelqu'un.*

Ménandre
(dans Stobée, texte grec)

936• *« Les hommes sont tourmentés par l'opinion qu'ils ont des choses, non par les choses mêmes. »*

Épictète
(dans Stobée, texte grec)

937• *Il est beau que le mortel ait des pensées qui ne s'élèvent pas au-dessus des hommes.*

Euripide
(dans Stobée, texte grec)

938• *Pourquoi fatiguer ton esprit d'éternels projets qui le dépassent ?*

Horace (texte latin)

939• *Les jugements du Seigneur, un profond abîme.*

Psaumes (texte latin)

940• *« Je n'établis rien. »*

Sextus Empiricus (texte grec)

941• *« Je ne le comprends point. »*

Sextus Empiricus (texte grec)

942• *Je suspends mon jugement. (cf. « Que sais-je ? »)*

Sextus Empiricus (texte grec)

943• *J'examine.*

Sextus Empiricus (texte grec)

944• *La coutume et les sens pour guides.*

(texte latin)

945• *Par le jugement alternatif.*

(texte latin)

946• *Je ne puis comprendre.*

Sextus Empiricus (texte grec)

947• *Rien de plus.*

(texte grec)

948• *Sans pencher d'un côté.*

(texte grec)

CINQUIÈME PARTIE

● *Jeux*

I• Le vivier des citations

Nombreux sont les dictionnaires, anthologies, florilèges, trésors, analectes, « *best of* », etc. qui offrent un choix de pensées appropriées pour tous les types de discussion, toutes les situations de la vie. On pourra toujours se demander si l'on s'intéresse d'abord à des paroles notables ou à des auteurs mémorables, si c'est l'originalité du contenu ou la notoriété de celui qui en est le promoteur qui retient notre attention. S'agit-il d'une pensée collective, anonyme, immémoriale ou d'expressions inattendues issues de génies isolés ? On a pu dire des expressions proverbiales par exemple qu'elles manifestaient à la fois l'esprit d'un seul et la sagesse de tous. La parémiologie, qui étudie l'origine et le champ sémantique des proverbes, tente de répondre à ces questions. Dans la Bible le *Livre de Salomon*, le *Digeste* pour le droit, les compilations de Stobée, les *Aphorismes* d'Hippocrate ou les *Adages* d'Érasme sont autant de recueils à travers lesquels se trouve collationnée une sorte de sagesse des nations qu'enrichissent progressivement tous les écrivains qui se sont succédé.

Certains penseurs semblent affectionner la création de formules laconiques propices à devenir directement des citations ou à traverser les siècles sous forme de mots célèbres, historiques ou spirituels. Les maximes, sentences morales et autres apophtegmes s'inscrivent dans cette série. Il est parfois difficile de distinguer clairement ces notions voisines. Nous proposons ci-après les définitions qu'en donne le dictionnaire Robert. Mais il convient de reconnaître que les nuances se situent avant tout au niveau des *registres de langue*. Il n'y a peut-être guère de différence de contenu entre les deux expressions suivantes, sinon que l'une, appartenant au théâtre classique apparaît comme « châtiée » tandis que l'autre, empruntée au répertoire des locutions proverbiales, a une connotation vulgaire :

949• *À vaincre sans péril, on triomphe sans gloire.*

Pierre Corneille

950• *Nul plaisir sans peine.*

Anonyme

Habile praticien, l'auteur de *L'Esprit des lois* sait aussi se faire théoricien. Il observe avec justesse l'injuste répartition des savoirs et reconnaît que l'élégance fait partie des privilèges. Sous l'Ancien Régime, et tout particulièrement à la Cour, la hiérarchie des registres langagiers coïncide encore avec les stratifications sociales :

951• *Les* Maximes *de M. de La Rochefoucauld sont les proverbes des gens d'esprit.*

Montesquieu

C'est, paradoxalement, cet aspect littéraire de la formule citée qui pourra la faire basculer d'un niveau de langue soutenu dans un emploi burlesque, le caractère académique de la citation s'inversant en poncif : le pompeux devient à la longue pompier, jusqu'à ce que la mode kitsch donne une nouvelle vigueur aux sentences ampoulées. C'est ainsi que *Horresco referens* (« Je frémis en le rapportant »), exclamation hyperbolique d'Énée faisant le récit de la mort de Laocoon, a pu sombrer facilement dans le pathos. L'effroi tragique, surtout lorsqu'il est usé par la répétition scolaire, prête le flanc à la plaisanterie.

De même, une définition grandiloquente semble n'attendre qu'une chose : être tournée en ridicule !

952• *La plus noble conquête que l'homme ait jamais faite est celle de ce fier et fougueux animal, qui partage avec lui les fatigues de la guerre et la gloire des combats.*

Buffon

953• *La plus noble conquête du cheval, c'est la femme.*

Alfred Jarry

• DÉFINITIONS •

adage : (< lat. *ad agendum*) « maxime pratique ou juridique, ancienne et populaire »

aphorisme : (origine grecque) « formule ou prescription résumant un point de science, de morale »

apophtegme : (origine grecque) « parole mémorable ayant valeur de maxime »

assertion : (origine latine) « proposition que l'on avance et que l'on soutient comme vraie »

axiome : (origine grecque) « vérité indémontrable »

devise : (du lat. populaire) « paroles exprimant une pensée, un sentiment, un mot d'ordre. Règle de vie, d'action »

dicton : (< lat. *dictum*) « sentence passée en proverbe »

formule : « expression concise, nette et frappante, d'une idée ou d'un ensemble d'idées »

maxime : (< lat. *maxima [sententia]*) « règle de conduite, sentence générale » énoncée en une formule lapidaire

mot : « parole exprimant une pensée de façon concise et frappante »

parole : « pensée exprimée en quelques mots »

pensée : « expression brève d'une idée »

précepte : (origine latine) « formule qui exprime un enseignement, une règle, une recette »

proverbe : (origine latine) « vérité d'expérience, ou conseil de sagesse pratique et populaire commun à tout un groupe social, exprimé en une formule elliptique généralement imagée et figurée »

saillie : « trait brillant et inattendu (dans la conversation) »

sentence : (origine latine) « pensée exprimée d'une manière dogmatique et littéraire »

slogan : (origine écossaise) « formule concise et frappante utilisée par la publicité, la propagande politique »

☛ Reliez les expressions suivantes aux mots qui servent à les désigner :

954• *Communauté, Identité, Stabilité.*

(Aldous Huxley)

955• *À qui venge son père il n'est rien d'impossible.*

(Pierre Corneille)

956• *L'habit ne fait pas le moine.*

(anonyme)

957• *On se cache d'être brave comme d'aimer.*

(Quinton repris par Gide)

958• *Classes laborieuses, classes dangereuses.*

(campagne électorale)

959• *L'oisiveté est mère de tous les vices.*

(sagesse populaire)

960• *Nul n'est censé ignorer la loi.*

(commandement religieux et laïque)

961• *Tel père, tel fils.*

(voix des nations)

a) apophtegme
b) proverbe
c) adage
d) slogan
e) devise
f) aphorisme
g) dicton
h) sentence

(Les corrigés se trouvent à la fin du chapitre.)

II• Les citations détourées ou détournées

Toute citation est détourée. Lorsque l'on cite un passage, l'environnement syntaxique de celui-ci (le paragraphe par exemple) est supprimé. Même s'il s'agit d'une phrase autonome, l'entourage sémantique (le texte ou le recueil auquel elle est empruntée) fait cruellement sentir son absence. Le pouvoir de la citation tire d'ailleurs une partie de son effet de ce sentiment de manque : la citation crée une sorte de vide qui appelle un discours d'escorte et engendre une réflexion complémentaire.

Du supplément de sens au détournement de sens il n'y a qu'un pas. Rappelons tout d'abord que le découpage du discours s'accompagne d'un effet pervers. En ne retenant que les pensées les mieux frappées, le citateur se prive, sciemment ou involontairement, des référents situationnels. La signification du morceau se trouve *de facto* manipulée. Ainsi le parallèle suivant, qui obéit à un modèle rhétorique éprouvé, semble avoir une portée universelle.

962• *L'œuvre du philosophe est bâtie sur le jeu dialectique des idées, et celle du poète sur la palette des sentiments.*

Daniel Bougnoux

Replacé dans son contexte, il s'avère que l'effet de symétrie vise non pas à dégager une leçon générale mais à opposer deux écrivains particuliers : Sartre et Aragon.

Un degré de plus est franchi lorsque le prélèvement effectué à partir d'un document aboutit à altérer la pensée de celui qui l'a produit ou même à falsifier ses intentions. Attribuer la paternité de ces propos à Flaubert n'est pas indu :

963• *Le malheureux qui suit ses appétits est dans son droit, comme l'honnête homme qui écoute la raison.*

Gustave Flaubert

On les trouve effectivement dans *Bouvard et Pécuchet*. Mais c'est omettre qu'ils sont prononcés par des personnages de fiction, non par l'ermite de Croisset ! Il convient, on le voit, de distinguer le point de vue du narrateur et ce qui est dit par les actants du récit ou les protagonistes de la pièce, soit, en d'autres termes, les discours *auctoriel* et *actoriel*. De même qu'il serait stupide de déduire le caractère de Shakespeare du monologue dépressif d'Hamlet (*To be or not to be...*), de même il est vain de réduire la philosophie de Maupassant à la muflerie phallocrate d'un Bel-Ami !

Et puisque la culture, on l'a vu, est ce qui reste quand on a tout oublié, gardons-nous d'oublier le sens premier d'une œuvre, ou si nous lui substituons un contresens, que celui-ci soit volontaire. Le célèbre mot d'Antony, après tout, est plus connu que la pièce d'où il est tiré et peut-être même que celui qui l'a conçu :

964• *Elle me résistait, je l'ai assassinée !*

Alexandre Dumas

Mise à toutes les sauces, c'est le cas de le dire, cette réplique ridicule a plus servi à des générations d'étudiants bataillant sur une viande coriace qu'aux acteurs du drame censés la déclamer.

☛ Attribuez chaque citation à son auteur :

965• *La vérité est trop nue, elle n'excite pas les hommes.*

966• *Le mieux est le mortel ennemi du bien.*

967• *Tout est pour le mieux dans le meilleur des mondes possibles.*

968• *L'optimisme est une fausse espérance à l'usage des lâches et des imbéciles.*

969• *Le cœur a ses raisons que la raison ne connaît point.*

970• *Un cynique est un homme qui connaît le prix de tout et la valeur de rien.*

a) Leibniz
b) Oscar Wilde
c) Georges Bernanos
d) Jean Cocteau
e) Montesquieu
f) Blaise Pacal

☛ Voici une série d'incipit : de quel ouvrage chacune des phrases suivantes est-elle le début ?

971• *Je hais les voyages et les explorateurs.*

972• *C'était à Mégara, faubourg de Carthage, dans les jardins d'Hamilcar.*

973• *Longtemps, je me suis couché de bonne heure.*

974• *Aujourd'hui, maman est morte. Ou peut-être hier, je ne sais pas.*

975• *Je n'ai pas de souvenirs d'enfance.*

976• *Un chahut de camions chargés de fusils couvrait Madrid tendue dans la nuit d'été.*

977• *Je forme une entreprise qui n'eut jamais d'exemple.*

978• *Vous avez mis le pied gauche sur la rainure de cuivre, et de votre épaule droite vous essayez en vain de pousser un peu plus le panneau coulissant.*

III• Les citations entièrement inventées

Qui n'a jamais proféré une pensée élégante mais énigmatique en l'attribuant à un maître oriental parfaitement ignoré ou au contraire à un auteur tellement connu que personne n'aura osé en vérifier l'exacte provenance ? Mais, comme dit la voix de notre conscience, il faut rendre à César ce qui lui appartient et rétablir l'inventeur dans son droit patrimonial !

979• *Rendez donc à César ce qui est à César, et à Dieu ce qui est à Dieu.*

Évangiles de Matthieu, Marc et Luc

Les jeux de société peuvent se multiplier indéfiniment : proposer des citations et demander de deviner à qui elle sont empruntées ; glisser une citation controuvée dans une liste authentique et faire découvrir la supercherie ; inventer de toutes pièces des citations apocryphes, etc. Il est toujours possible de faire *dire* telle ou telle chose à un homme illustre, surtout s'il est mort : on ne prête qu'aux riches, et le propre des paroles verbales est qu'elles demeurent invérifiables (*Verba volant, scripta manent* dit le Sage, « les paroles s'envolent, les écrits restent » !).

À l'inverse, une formule trop usée nécessite-t-elle que l'on indique à qui on la doit ? Une sorte de complicité culturelle sinon de connivence sociale semble s'établir entre l'écrivain et son lecteur comme s'il devenait inutile de citer des sources que tout le monde, bien évidemment, partage. Le respect du savoir, lorsqu'il ne dépend pas de l'érudition mais d'une connaissance vulgaire, impose la loi du silence.

980• *J'écris toujours. Que faire d'autre ?*
Nulla dies sine linea.
C'est mon habitude et puis c'est mon métier.

Jean-Paul Sartre

Il est clair que la référence à Pline — ou Apelle, qui d'ailleurs était un peintre (voir citation 301) — doit rester implicite. La traduction serait superflue puisque, appartenant au même monde, nous sommes censés savoir à qui Sartre fait allusion. Ce badinage désinvolte n'est pas sans charme ; n'offre-t-il pas en outre à l'auteur des *Mots* l'avantage de s'épargner une fastidieuse recherche ? Dans ce même ouvrage, Sartre n'hésite pas à paraphraser La Fontaine que tout le monde aura reconnu derrière cette boutade :

981• *Ce n'est pas tout de mourir : il faut mourir à temps.*

Jean-Paul Sartre
(voir citation 369)

C'est que la citation s'inspire essentiellement de l'art formulaire. Comme telle, elle se prête aisément à la duplication : il suffit de décoder la structure grammaticale du texte-source (ou *hypotexte*), d'imiter les effets paronomastiques (rythme, assonances, symétries) pour proposer toute une série de réemplois, plus ou moins parodiques.

Ainsi le dicton :

982• *Tant va la cruche à l'eau qu'à la fin elle se casse.*

a pu inspirer la verve de Sganarelle :

983• *Sachez, monsieur, que tant va la cruche à l'eau, qu'enfin elle se brise.*

Molière (*Dom Juan*)

comme les sous-entendus triviaux de Bazile :

984• *Tant va la cruche à l'eau, qu'à la fin… elle s'emplit.*

Beaumarchais
(*Le Mariage de Figaro*)

Mais il connaîtra bien d'autres avatars :

985• *Tant va la cruche à l'eau qu'à la fin elle se case.*

Alphonse Allais

986• *Tant va l'autruche à l'eau qu'à la fin elle se palme.*

Raymond Queneau

987• *Tant va la vache à lait qu'à la fin elle se mange.*

Georges Perros

On remarquera enfin que, présentée comme une affirmation impersonnelle et détachable, la maxime figure parmi les genres les plus faciles à pasticher. Les humoristes, toujours prompts à déjouer les stéréotypes de l'idéologie dominante, ne s'en privent pas. Nous citerons donc, à titre d'exemples, une sentence de La Rochefoucauld, puis une maxime de Philippe Bouvard et, pour terminer, une réflexion toute personnelle, mais à la manière de nos moralistes les plus classiques.

988• *Les violences qu'on se fait pour s'empêcher d'aimer sont souvent plus cruelles que les rigueurs de ce qu'on aime.*

989• *Il est moins facile d'avoir une fille des rues pour rien que de faire accepter de l'argent à une femme du monde.*

990• *La souffrance est parfois proportionnelle aux maux qui la causent, mais la souffrance sans cause est toujours la pus forte.*

☛ Qui a dit ?

991• *Science sans conscience n'est que ruine de l'âme.*

992• *Plus de lumière !*

993• *Une âme saine dans un corps sain.*

994• *Avoir plutôt la tête bien faite que bien pleine.*

995• *Si Dieu n'existait pas, tout serait permis.*

996• *L'enfer, c'est les autres.*

997• *La religion est l'opium du peuple.*

998• *Le temps, c'est de l'argent.*

999• *La propriété c'est le vol.*

1000• *Et tout le reste est littérature.*

Corrigés des tests

954•	e) *devise*	968•	c) *Georges Bernanos*
955•	h) *sentence*	969•	f) *Blaise Pacal*
956•	b) *proverbe*	970•	b) *Oscar Wilde*
957•	a) *apophtegme*	971•	Tristes Tropiques *(Claude Lévi-Strauss)*
958•	d) *slogan*	972•	Salammbô *(Gustave Flaubert)*
959•	g) *dicton*	973•	À la recherche du temps perdu *(Marcel Proust)*
960•	c) *adage*	974•	L'Étranger *(Albert Camus)*
961•	f) *aphorisme*	975•	W ou Le souvenir d'enfance *(Georges Perec)*
965•	d) *Jean Cocteau*	976•	L'Espoir *(André Malraux)*
966•	e) *Montesquieu*	977•	Les Confessions *(Jean-Jacques Rousseau)*
967•	a) *Leibniz*	978•	La Modification *(Michel Butor)*

991•	*François Rabelais*	996•	*Jean-Paul Sartre*
992•	*Goethe*	997•	*Karl Marx*
993•	*Juvénal*	998•	*Benjamin Franklin*
994•	*Montaigne*	999•	*Pierre Joseph Proudhon*
995•	*Dostoïevski*	1000•	*Paul Verlaine*

Index des auteurs

(Les numéros renvoient aux pages)

G

H

I

J

K

L

M

N

O

P

Q

R

S

T

U

V

W

X

Y

Z

Table des matières

Achevé d'imprimer en mars 2001 par Normandie Roto Impression s.a., 61250 Lonrai
N° d'impression : 010574 – Dépôt légal : mars 2001